想 象 之 外 · 品 质 文 字

北京领读文化传媒有限责任公司　　出品

社群运营

五十讲

陈菜根 +++++ 著

移动互联网时代
社群变现的方法、
技巧与实践

北京时代华文书局

图书在版编目（CIP）数据

社群运营五十讲：移动互联网时代社群变现的方法、技巧与实践 / 陈菜根著 .
—北京：北京时代华文书局，2018.1

ISBN 978-7-5699-2203-5

Ⅰ．①社… Ⅱ．①陈… Ⅲ．①网络营销 Ⅳ．
① F713.365.2

中国版本图书馆 CIP 数据核字（2018）第 001009 号

社群运营五十讲：移动互联网时代社群变现的方法、技巧与实践

SHEQUN YUNYING WUSHI JIANG YIDONG HULIANWANG SHIDAI SHEQUN BIANXIAN DE FANGFA JIQIAO YU SHIJIAN

著　　者 | 陈菜根

出 版 人 | 王训海
选题策划 | 领读文化
责任编辑 | 周连杰
装帧设计 | 领读文化
责任印制 | 刘　银

出版发行 | 北京时代华文书局 http://www.bjsdsj.com.cn

　　　　　北京市东城区安定门外大街 136 号皇城国际大厦 A 座 8 楼
　　　　　邮编：100011　　电话：010 - 64267955　64267677

印　　刷 | 北京金特印刷有限责任公司
　　　　　（如发现印装质量问题，请与印刷厂联系调换）

开　　本 | 880mm×1230mm　1/32　印　张 | 9　字　数 | 180 千字
版　　次 | 2018 年 4 月第 1 版　　印　次 | 2018 年 4 月第 1 次印刷
书　　号 | ISBN 978-7-5699-2203-5
定　　价 | 49.80 元

序

　　社群的概念由来已久，但能成为一种商业模式，并被冠以"社群经济"之名，还是近几年的事情，尤其是以微信为时代标志的移动互联网驾临之后，社群经济不可避免地成为创业者竞相追逐的新方法论，甚至是新商业思维模型。

　　不得不说，社群的火爆，跟微信群成为基础的集体沟通工具有关，这种链接人与人关系的技术变革，直接长出了社群经济的生态，就像搜索技术、电商技术、视频技术、直播技术等新技术一样，只要能吸附住流量的技术产品出现，基于庞大的人口红利，就会生根发芽，长成一片繁茂的商业森林，社群经济也不例外。另外，传统流量运营模式的效率低下和成本高昂，使得社群下沉为创业者关注的新流量洼地，在我看来，有了社群的赋能后，"流量"在新场景里，应该被唤作"留量"才更自洽，因为，用户的轨迹不再是线性单向，而是在社群里形成了回路，流量有了人际关系的粘附后，就具备了信任的能量，从而有了共识的存在，商业行为基于信任和共识后，社群经济才有了闭环。

社群经济的模式会越来越普遍，而且成本会越来越低，这也是社会的福祉。

本书的理论部分并不多，更多是结合过去创业实践、行业观察和思考后的一些系统整理，在方家眼里，内容一点都不高大上，在实战者眼里，这些内容显得家常便饭了些，而在熟悉的读者眼里，文字的风格和思想的火花不如自媒体里绚丽多姿。而这恰恰是我的本意：出一本朴素的操作指南，把门槛降的低一些，用聊天的口吻，把社群运营的事儿唠叨明白。

但是，社群的立意必须深邃，所以，在我的认知里，社群不仅仅是商业工具，而且它也不能被狭隘的装进钱孔里，社群是人与人的连接器，经营的人与人的信任关系，并用时间来计量。但社群一定不高深莫测，所以，我始终坚持：1. 家庭是基于血缘关系而形成的最小社群单位；2. 公司是基于契约关系而形成的高效社群形式；3. 人类社会是社群的最大外延。

带着这样一个常识去认识社群、研究社群和运营社群，相信你的视角会有所不同，所以，本书还有个希冀，就是通过掌握社群工具，让更多的人感知到社群思想的温度，从商业范畴慢慢跳转到日常生活，让自己在家庭里、公司内和社会上，能建立起高质量的关系链接，积累出更高的信任值，从而收获你想要的那份归属，拥抱社群的初心，本该如此。

关于社群经济的未来，不必多想，它的存在就是常态，以往搞团购、弄会销、玩众筹、搭伙做生意、混圈子找资源等，这些社群商业行为，都将长期存在下去，即使以微信群为常规载体的社群运营，都已经像自媒体一样，成为了公司经营的标准配置。但作为一个前瞻性的预见，我抛个观点：区块链时代，社群的重要性会更加凸显，因为区块链技术让信任成本降到足够低，人的行为会逐渐被证券化，这里有个大前提就是基于社区的共识。

当然，由于本人才疏学浅、见少识窄，社群作为一门大大的社会学科学，它太博大精深了，我尚不能游刃有余地驾驭它的精彩，也仅仅是窥探到了一点点洞见，自觉欣喜，便忍不住采撷下来、以飨诸位。所以，本书只是触摸社群的几根琴弦，更多的和鸣，尚需更多知音一起拨弄。最后，感谢我的家人，是他们给了我用生活视角琢磨社群的灵感，更感谢一路上携手成长的朋友，让我可以感受到社群化生存的魅力。

最后，尤其要感谢这个时代及领航的舵手，这是当代社群的底色。

陈菜根

二零一八年写于北京

目　录

第3章

变现篇 用流量思维变现社群，用独特资源匹配模式

第4章

修炼篇 社群师可大可小，重要性从来不小

第 5 章
IP 篇 用好社群平台，做好 IP 插件

第1章
概念篇

信任是社群核心，流量是社群终局

🌥 1. 社群是企业最贵的资产

社群是企业最贵的资产。怎么理解？

对于一个企业来讲，品牌是最贵的东西？其实不是，如果一个企业没有了客户、用户，那这个企业就成了一个空壳子。即使产品再牛，抓不到用户，那也是没有用的。在创造客户这一方面，无论如何都要抓住企业的目标。著名管理大师德鲁克先生说过，企业存在的目的就是要创造客户。具体来讲的话，企业存在的目的就是要创造客户价值，基于客户需求，提出价值需求这一主张，然后提供产品来满足这种需求，提供这种解决方案来满足用户需求，这样企业的目的才能真正实现。至于利润，它其实是一个副产品。

现在是移动互联网时代，就严格、前瞻性来讲的话，马上就要进入人工智能时代。人工智能时代里，互联网企业的本质是什么？我们认为互联网企业现在的主要目的是为了能够链接客户，创造客户。所谓链接客户其实就是社群，就是把用户放在一起，建立链接关系，这就是社群的概念。那产品服务呢？它是用户链接的什么？一个工具或者说一个点。社群的这些文化符号逐渐打造之后，形成了用户群的特征和画像。企业通过提供产品把用户链接起来，然后打造出高质量的用户价值，顺便赚到钱，这是互联网企业的本质，跟传统企业有很大不同。传统企业其实还是一种产品的思维，然后通过创造产品价值来满足客户需求。很多传统企业在积累用户这一方面的方法和思维还不够，虽然一直讲客户价值，但真正落地时还是从产品角度、生产角度来做市场，这样在互联网时代其实是没有市场的。

腾讯的五个创始人之一曾李青先生对互联网公司有一个估值公式，叫"曾李青"公式。（$V=K \cdot P \cdot \frac{N^2}{R^2}$）。互联网公司有很多估值方法，不同于常用的市盈率、市销率等估值方式，它是用一个接近互联网本质的思维对互联网公司估值。这个估值的方法、公式是什么样子的？一个公司的估值由四个因素构成，一个因素是K，K翻译成中文就是变现因子，互联网企业能不能进行很好的变现、赚到钱，这是第一位的。如果一个企业赚不到钱，就没有存在的价值了。第二点是P，P讲的是溢价率系数，取决于企业所处的行业地位，这个很关键。就像做投资一样，投的是前三位，后面的企业就不可能再投了。虽然赚到钱了，但所在的行业地位是落后的，我们可能也不会看好。因为本身的竞争力在行业当中不存在，所以在这个因素上会重点考虑。

另外两个估值的因素一个是N，其实就是用户数量。第二个是R，R是用户距离。我们评价一个互联网公司特别看重的就是这个公司到底有多少用户，微信有七、八个亿的用户量。这个用户量代表了公司的实力、能量。第二个是用户距离，虽然有大量用户，但是如果跟用户之间的链接关系和距离太长也不行，因为用户距离决定了能不能以最低成本实现用户价值的满足。通过互联网公司的估值方法得到一点就是我们要做社群，社群可以把很多人、很多用户连在一起。第二个，社群和用户间的距离，社群建立之后，作为平台来讲，和用户之间的距离会变得非常近。满足用户一些需求时，成本就非常低，效率就会非常高。这是互联网公司的估值方法带来的启发，所以做社群这个事情从估值上来讲是有科学性的。

互联网公司做的是什么？是流量。无论做淘宝，还是做社交、共享经济，哪怕是做微商，其实本质上都是在抢占流量。如果公司没有流量，那么这个公司可能在入口处就失去了竞争的优势。流量到底是什么？流量的本质是用户的入口，非常优质的流量入口通常会表现为几点：

第一个，用户尽可能精准，因为精准才能转化。第二点，用户规模要足够大，用户量大、人多才是生意的根本。中国目前为什么经济发展迅猛，就是因为人口的红利，有14亿人口。这就代表了市场的消费能力和消费规模。第三个是什么？好的流量付费能力一定要强，此时要积累大量的人，但这些人如果没有钱支付，这就是变现的问题。还有决策要快，指在购买东西、满足用户群消费需求时，决策一定要快。除此之外距离要短，距离要短其实就是告诉我们，跟用户之间不要有好高骛远的状态，大家遥遥相望，这样肯定不行。社群要具备这些因素，因为社群是通过一种共同价值观、基于共同需求聚在一起的一些人。而且社群人之间可以产生很大的裂变效应，可以增大规模。同时社群通过长时间互动，而形成一种信任关系，有了信任关系之后，付费可能就会转化的快一些。而且社群跟用户之间的距离短，决策的时候就会比较快。

这是流量的本质，所以社群做流量的优势就会慢慢体现出来，而且大量报道、专家分享都在告诉我们在2017年甚至未来很长一段时间内，社群营销、变现、商业化都会是重点关注的现象。

传统意义上，企业分为两种，一种叫品牌商，一种叫渠道商。渠道商和品牌商目前都遇到了问题，业绩的下滑，一直下滑，尤其是传统企业。所以总会看到一些报道说又有很多企业倒闭了，有很多品牌比如家乐福，包括沃尔玛都在撤店，麦当劳也开始抽出一部分的中国业务。甚至包括柯达、诺基亚等一些品牌商都渐渐销声匿迹。这说明什么？遇到一些竞争压力，严格来讲是业绩下滑所带来的经营成本入不敷出，所以只能关门大吉。基于这样一个过程，我们会发现这个痛点是普遍存在的，尤其是互联网企业转型，现在的传统互联网企业也在面临生意越来越难做，赚的钱越来越少等问题。这是整个企业面临的共同问题，这是成本压力和品牌商提供的产品属性无法满足消费者需求导致的。

品牌商和渠道之间的竞争究竟在哪里？用户需求在升级，而品牌商所提供的产品属性没有满足消费者，就导致需求升级和产品落后产生的矛盾不匹配。比如原本生产一个东西，在那个供不应求的时代，只要能生产出东西来，就可以卖。可现在是供大于求的时代，买东西时会货比三家。所以消费升级所带来的变化是前所未有的，而这个变化对企业来讲如果没有抓住它，就会导致业绩下滑。对于渠道来讲，不仅仅是成本问题，因为很多年轻用户，购买东西很少去商场，因为在电商平台上可能已经产生了购买的行为和习惯，导致不再去线下购买。所以消费的决策路径在发生变化，渠道商没有很好的抓住消费决策的变化，才会导致业绩下滑。

该怎么去解决这个痛点？第一个，实现产品内容化。就是我们平时卖东西，还要把产品的功能属性不断形成内容，以多媒体的形式呈现在用户眼前，甚至加上声音让用户听到、看到、感觉到，甚至联想到。第二个，内容人格化，很多互联网公司喜欢把自己的公司设计的非常有调性，公司命名、公司LOGO、吉祥物，都有非常接近生命属性的元素在里面。天猫做成猫的形状，这些小动物跟我们生活息息相关，所以我们就会跟它产生一种亲密感。这就是内容的人格化正在创造。

对于企业来讲，企业最大的价值、利益是什么？是创造客户。对于渠道商来讲，最近的就是客户，跟客户之间关系、距离非常近、非常亲密。这是渠道商所具备的巨大优势。原来做家电销售的渠道管理时，手上大量的客户资料，但没有把他们串成一串，没有激活它，以至于不断地烧钱做广告、做促销，然而成交之后，就不再联系，没有形成社群。社群一定是长期互动，保持频次和关系的才是社群。所以对于渠道商来讲，第一步是要把客户社群化，然后长期互动，产生链接，产生信任感，把社群当成产品来运营。

但对于渠道商来讲，产品不是简单的门店，而是这些客户，是这些社群，客户群或叫用户群，用户社群，把社群当成产品来经营。如何把社群当成产品运营。

第一个结论就是在新时代做运营时，原来传统的经营思维是以产品为中心，而现在是以客户群为中心。第二是有了用户群的商业模式，自然社群会运营起来。第三个是用户量决定互联网的平台估值，用户量越大越好，因为用户量本身有一个乘积效应，用户量越多，平台本身的价值就越大。第四个结论是用户链接建立后，社群价值就会翻倍。以前流量流走了没有留下来，现在有社群之后，可以把用户沉淀下来，然后用户之间产生链接关系，产生化学反应，产生裂变。这种指数级的翻倍是我们非常看重的，这也是为什么很多做社群的活跃度非常高的流量平台，虽然用户量不特别大，但它的估值非常高，恰恰就是得益于用户之间的链接关系所产生的指数级的裂变效应带来的价值翻倍。所以这就是社群给我们带来的巨大魅力。

———————————— 菜根谈 ————————————

写书的人很多，买书的人更多，读书的人很少，会读书的人更少，读书后并实践的人少之又少。这个生态链告诉我们：帮人读书会是一种稀缺的市场行为，直接把书读透并提炼为实操方案的将获得更多福报。

☁ 2. 社群的三个含义

关于社群的含义，每个人都有自己的观点。总结下来无非就三种，第一个是从工具层面对社群进行总结分析。第二个是从客户关系管理或叫CRM（Customer Relationship Management，客户关系管理）层面聊什么是社群，社群有什么用。第三个是从社会学或社交角度看社群到底是什么。

关于这三个角度该如何辨析社群。第一个从工具角度来看，社群有什么用？本质是什么？从本质来讲，社群是互联网时代的一种工具，此话怎讲？因为社群概念的发展已经进入公众视野，每个互联网人都开始知道社群，其实也无非就三年时间。2013年时对于社群的概念还很少，如果看这个过程，就会发现社群跟工具有很大关系，也就是微信。但很多人都认为微信群等于社群，社群就是微信群。这是一种偏见，实际上微信群仅仅是社群的一个线上载体。社群的火爆跟微信群的开发有很大关系。从互联网角度来讲，以微信群为载体的社群可能会成为一个作为用户管理、销售、产品渠道的非常重要的工具。

现在互联网公司要创业的话，要有两个轮子，滚动着往前走。第一个叫新媒体的工具，就是公众号或微博等等，形成自媒体。另一个轮子就是社群或用户群，有大量用户，用户量聚在一起之后，这两个轮子就会产生很大作用。自媒体靠内容做影响力，做用户链接。而社群不但要做用户链接，还要以用户互动和信任感的增加，产生用户的黏性，产品的转化等。在互联网运营中无非做三件事，第一是产品的测试；第二是产品渠道的拓展或客户拓展；第三是品牌的传播。

产品的拓展很简单，比如创业公司做好定位，产品到底怎么样，能否在市场上进行大量推广。先拉个小群，群里的天使用户尝试一下产品效果，或提一些建议，这就是在做产品测试。原来做产品的方法就是调研完市场之后，马上围绕调研结果做产品。然后利用现有的渠道网络进行全面的推广和销售，这是原来的思路。现在是先做小样，小样之后做测试，解决漏洞，试探产品能否切中用户痛点，能否解决实际问题。如果解决不了，这个产品就不适合推广市场。所以产品测试在社群的应用非常多，几乎每个产品都有自己的测试群。

第二个是拓客渠道，社群是卖产品的一个渠道。要把社群本身当成一个销售渠道，这种事情在现实生活中非常多。社群也是非常有效的销售渠道。

第三个是品牌层面，很多互联网产品的引爆案例其实都是从群里引发的。包括一些众筹的品牌、从没有名气的品牌突然崛起，其实背后就有社群参与的力量。一个新产品有了品牌之后，在很多群里释放出来，它的品牌效应是非常厉害的。因为社群通过长期互动已经产生了黏性和信任感，所以产生的品牌传播效应就非常大。从功利层面来看，社群和新媒体已经构成了互联网公司标配的两个轮子，这也同样适用于传统企业。传统企业转型首先要有一定的新媒体，在信息传播上有主动权。第二个就是把原来的客户集中在一个群，拉近和他们的距离。再围绕现有的新媒体和社群做三件事情：第一，产品测试；第二，品牌传播；第三，渠道拓展。

第二个，客户关系论或 CRM 论。如果从客户关系管理层面，社群同样有三个作用。第一是用户关系的维护。销售是从成交那一天开始的，真正的成交之后的后续服务才代表了销售的起点。这就是用户关系的维护带来的价值，一旦把用户维护好了，用户重复购买，由他的口碑推荐所带来的成本是非常低的，效果却是非常好的。这就是通过社群方式做用户关系的维护，它可以低成本的获取用户，产生新的成交。第二是种子用户的聚集地。有了互联网、社群工具之后，我们想做用户，特别是种子用户、现实用户的积累会非常容易、非常快捷、成本也非常低。

第三是公关危机的处理。原来做公司，靠信息不对称，老百姓不具备发声的权力和机会，即使想发声，也只能是影响周边的一小群人。但有了互联网工具之后，任何一个人都有机会破掉你的品牌。所以在互联网时代，经营生意的风险在增加，谁都谈不过。因为用户不再处于弱势地位，他可以通过自己的工具来发布品牌不好的消息，水军就是这么来的。所以现在的企业无时无刻不处在危机公关处理环境当中，社群也有可能会成为危机公关处理的非常重要的工具。利用社群方式做企业的公关危机处理作用有非常明显的优势。第一，它是交互式的，有任何问题可以面对面交流，非常方便。而且能第一时间看到用户反馈，并及时进行反馈、当场解决问题，然后给用户提供帮助等等。这就是利用社群做客户关系维护所带来的好处，它可以及时处理公关危机，同时还可以把用户集中在一起，对于做用户信任关系的建立和复购都有帮助。

从社交来看社群是什么，第一个，社群经营的是人和人之间的关系，特别是信任关系。第二个，社群里有一种感觉叫归属感。比如说家庭、公司、国家都是一个社群，就是因为在家庭、公司有存在感，在国家层面有从属感，所以也是一种归属感。第三个，社群把人聚在一起，靠的是同频和同价值观。不是一个圈子的人很难聚在一起，所以在认知上是高度同频的；第二点就是同趣，有共同的兴趣爱好、共同的价值观，形成一个社群；第三个是社群最大的价值在于链接，链接人和人。人脉决定钱脉，决定未来，进什么圈子就会成为什么人。

这是社群的三个含义，社群不是简单的一个群，要深入到客户关系的维护层面和人际关系的链接、甚至价值观塑造的层面。不到这个层面，永远不知道社群的本质是什么。总结一点，社群是人和人的关系，不具备这种关系经营能力的人是做不好社群的。

☁ 3. 社群的十一个价值点

社群的价值点。

社群有十一个价值点，一一来分析。

第一个，人脉。我们一直强调人脉决定钱脉，人脉的力量是非常强的。中国是一个看脸的时代，如果我跟你熟，可能就跟你产生交易关系，如果不熟就很难快速产生交易关系。所以人脉的价值毋庸置疑，社群里卧虎藏龙，有大量高手存在，要善于挖掘里面的高端人脉，产生链接关系，给别人提供价值，把自身价值体现出来，这点尤为关键。

第二个，学习成长。很多朋友喜欢在群里互动，喜欢大咖，喜欢听社群里面的微课，甚至在群里面分享东西。这代表的就是一种学习成长，社群本身也是一个大课堂，里面有非常多干货、有效的知识和技能，甚至是一手信息。所以一定要维护好优质社群，并且在里面学习成长。只有这样，才能实现指数级增长。

第三个，机会的寻找。社群里面卧虎藏龙，而且有非常多的需求和资源。这代表的就是一种机会，只要潜心研究社群每一个人，挖掘每个人的特点，需求和资源，就完全可以寻找机会，实现财富的价值塑造。

第四个，产品的测试。产品的测试特别强调社群本身在工具层面的价值，社群作为互联网的工具，可以实现什么？聚集用户实现产品小样的测试，到底符不符合市场需求，问题出在哪里，让用户随时随地提出来。

第五个，客情维护，就是客户关系。社群之间的用户群距离非常近，而且有问题可以直接解决，所以社群用户的感情维护成本是非常低的。

第六个，寻找合伙人。群里面发现很多人在一起交互的时间长了，自己就成立了一个企业，而且运营的非常好。这就是在群里面找人脉、找合伙人，甚至找高管、找员工等等，因为社群经营的是人，很多优质群聚集的都是人才。

第七个，社群可以用来拓客。就是社群的直销价值，把社群当成一种卖货渠道时，社群还可以带来客流量，带来一些潜在的转化。

第八个，帮助转型。以前经营企业是有经营法的，这种组织结构没有办法适应瞬息万变的互联网时代，建议企业在转型时组织结构变化应该向社群学习，打通人和人之间的关系，应该中心化，让每个人成为单元的小中心，参与到整个企业转型当中，为企业创造价值。

第九个，投资寻找项目。做好一份投资工作，首先要能找到优质项目源，进行判断时，投资成本就低很多。怎么找好的项目？社群就是非常好的渠道，社群通过长期互动和链接，已经知道这个人什么水平，手里有什么资源，有什么好的项目和商业模式，社群里面通过互动可以体现出来。所以社群是一个非常好的项目来源。

第十个，社群也非常容易找创业者。因为社群里很多高手，他们的厉害之处通过平时互动、经验交流都已经了解了。如果手上有不错的项目，这个人的能力又恰恰匹配这个项目，撮合而成，因此就实现了一个创业项目的诞生。

第十一个，社群里面还可以找到资金。优质的社群里有很多资源，特别是资金资源，像做投资一样，手里有钱，但找不到好的项目。对创业者来讲，通过认识就可以找到钱。

这是社群带来的十一个价值，所以一个微信群也好，一次线下活动也好，不要把它看的太低，它给我们带来的价值是无穷的。社群在每一点上都可以给我们带来帮助。一定要学会价值这两个字，练就一双慧眼，发现价值、创造价值、利用价值、传播价值，这个是非常重要的。

——— 菜根谈 ———

做强 IP，修炼靠谱节点，坐享互联网共享经济红利。这就是标准的社群化生存公式：价值 × 信任 × 媒介 ＝ 社群化生存。

4. 社群的九个类型及分析

社群目前的类型或分类，每个类型是什么，有哪些特点。关于社群分类简单做一下分类，目前社群主要分为九类。

第一是产品型的；第二是教育型的；第三是服务型的；第四是链接型的；第五是学习型的；第六是意愿型的；第七是价值观型的；第八是兴趣型的；第九是水军型的。

这个分类标准其实不是特别客观，但总结来看，这些分类已经把所有社群都囊括在内了。社群是丰富多彩的，类型也不是绝对的，同一个社群可能是产品型、教育型、学习型、还可能是资源型。一个社群有很多属性。我们所讲的分类只是社群在这一点上表现非常突出而已，所以在思考问题、学习问题时，方法、维度、认知角度，要特别关注这几点。所以在一起学习过程中要特别重视认知的模型问题。

第一点，产品型社群有哪些？举个例子，有一个卖酒的社群，因为喝酒聚在一起，因为卖酒而产生关系。醋客公庄，就是40岁左右的中产阶级，中国的资产阶级有一到两个亿的数量，是非常庞大的，他代表了中国经济发展的实力。醋客公社就抓住了40岁左右的中产，然后提出从工厂（Factory）、粉丝（Fans）到客户（Customer）的FFC，利用这套理论把粉丝变成渠道产生购买和销售，线上和线下同时来做。这个公社影响非常强，创始人王为是非常有人格魅力的人，而且是个酒鬼。他很擅长做内容，擅长跟别人分享，擅长帮助别人。所以他的社群做的非常有仪式感，他有自己的代表大会、粉丝会、品酒活动。而且每一次在品酒过程中都有一些玩酒的方法而且很简单实用，他的仪式感非常强，所以他一年卖一个亿多。

另外一个是归谷社群，归谷社群80％中产的女性，现在还是中产。而且女性本身有黏性在里面，所以这些女性再加上是中产，能力就会非常强。这样一个归谷社群一个月最多可能实现800万的成交，非常厉害。它卖的是养生身心灵的一种服务产品，以线下为主，线上仅仅把大家链接在一起，然后发布信息，但产生社交关系一定靠线下。这是产品的社群。

关于教育的社群，教育的社群有一个叫碳9学社，还有另外一个叫幸福力妈妈，是我们做的一个项目。关于碳9学社是创业者的成长和社交，进去之后，可以学习到非常先进的学习方法。中国目前的教育方式还是填鸭式教育，就是老师教，你来学。其实真正好的学习方法一定是靠输出，主动去输出，甚至产生同伴式的交互。一起来学习，一起分析资料，一起研磨资料，一起把资料整理出来之后输出给别人，一起辩论等等。这才是真正的学习方法，在美国非常流行，同伴式学习也非常流行，案例教学法是美国课堂的方式。

还有创业方法，每期都会有一些主题，创业者的关联主题，然后释放到群体中，一起来学习。碳9学社，代表的就是一种投资的方法。幸福力妈妈针对的是高颜值、高学识、高资产的妈妈聚集在一起之后，做的转折教育。一个女人从女朋友变成老婆、变成妈妈之后，会遇到新的问题，这种情绪的转折、角色的转折、角色的转变，这个过程中她们是非常痛苦的，所以需要陪伴，需要一些教育来疏导，这就是幸福力妈妈需要做的事情。这是教育类的产品，是一个社群。

第三是服务型社群，比如我在2015年创业时做了一个案例叫美否闺蜜社，其实就是把闺蜜聚在一起，产品从原来卖具体实物到后来卖课程，包括服装搭配、化妆技巧等等。我们掌握了一套运营方法，把社群做成一种渠道。还有一个"谢谢老板"，这个小群不大，三四百人，但它只是做传播，可以帮助很多做新媒体的实现传播量的增加，其实它提供的就是一种具体服务。再有一种是链接型，比如罗辑思维做的是影响力，本质上来讲是一个新媒体，做的是一种知识电商，提供知识服务。然后把爱学习的人，特别是互联网的精英阶层聚在一起之后，提供知识服务。K友汇是一种人脉的扩张，已经扩散到全球几百个地方，目的是做人脉链接和资源整合，其实就是在发挥链接的作用，它不在乎群本身有没有回路，有没有转化。只在乎快速扩张，占有地盘，在全球各地都有它的分社，这才是他们的玩法。再就是疯蜜，做的是高端女性的社群，链接的是精英、名媛，采取O2O（Online To Offline，线上到线下）的方式，做社群电商，做女性的金融业务。本质是要把这些人链接在一起，链接非常有针对性的用户群。

再有一种是学习型社群，比如我们知道的混沌大学，还有各种培训的社群，它其实给大家提供一种知识。假设今天把我们这套东西放在群里边学习，那这个群本身也是一个学习型社群，关于学习社群，它提供一种知识。混沌大学，它在做线上教育，课单价是偏屌丝型的，1000块钱，800块钱可以提供一年的课程。对于培训类社群其实就是在群里面做教育的内容，直奔主题。类似于小培训班，再一种是资源型社群，比如说黑马会，把创业者和企业家整合后，成为一个圈子，资源进行共享，这是资源型的社群。

还有价值观社群，比如说趁早，十点读书，其实就是利用生活中的习惯，利用这样一种做法聚集这些年轻用户，形成一种新型社群。而且这种社群规模非常大，传播的是正能量，共同爱好的人聚在一起之后，会让整个社群非常立体，而且目前这样的社群属于主流社群。

再一个是兴趣类社群，比如新媒体社群，还有吃喝玩乐的社群等等。它的功能性非常强，解决的是某一个方面的需求。

最后一类社群是水军型的，我有一个朋友，他号称有十万个微信群，我估计他是中国拥有群数量最多的创业者之一，有了这么多群之后，可以做很多传播、销售等业务。

这是目前社群的几个类型。

☁ 5. 社群的运营环境分析

关于当前社群的运营环境。

社群并不非常高大上，它就在我们生活当中，家庭、公司，甚至一个国家，平时玩的各种群都是社群。社群的本质是人和人的关系，在家庭里面我们跟亲人、孩子之间是一种血缘关系。因为这种血缘关系积累在一起，所以组成了一个以血缘关系为主导的家庭性社群。公司也是社群，公司靠契约精神，比如进到公司之后，我们要任职，都会签一个聘用合同。这个合同其实代表一种契约，所以基于公司的契约精神链接在一起，这就是公司性社群。

社群环境会给我们带来哪些启发？我们感觉到现在社群非常难，建立起这么多社群之后，朋友多了反而感觉越来越孤独，主要跟当前社群的运营环境有很大关系。我们先看这个图，这是大概估计的一个数据。我们发现不管是牛人还是普通人，每个人拥有的时间是一致的，我们一天在家里花费八个小时的时间。作为上班族来讲，在公司里面又会花费八个小时的时间。也就是一天有十六个小时是在家庭和公司。如果再加上从公司到家中间所花费的时间，一天有三分之二甚至五分之四的时间都是被家和公司占据了的。

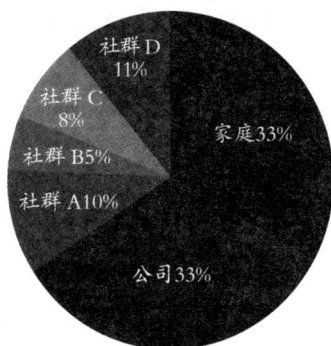

社群耗费时间占比

真正玩社群的时间非常少，而且在剩下的八个小时里，我们做社群时就会面对其他社群时间的争夺。看这个饼状图（上图）之后，有两个结论。第一个，时间是生命的基本单位，社群运营的是人和人的关系。但从本质来讲，社群运营的是每个用户的时间。社群本身活跃度下降了代表什么？本质来讲就是用户在社群里面花费的时间少了。

第二个，社群本身的心智门槛非常高，一个社群不能脱离开家庭和公司。社群的心智门槛非常高，一旦在社群形成这种生活习惯，再跳到另一个社群就不习惯。所以一个人一旦形成一种习惯，形成固定的心智之后，想跳出这样一个圈子就特别难，这是人性所致。我们说一个社群的竞争对手不是另外一个类似的社群，而是家庭和公司，这就是目前所看到的社群运营环境。所以我们会看到，社群的活跃度在下降，这跟目前用户本身在分配时间的规律有很大关系。客观原因导致了社群运营的活跃度下降，这是客观因素导致的，不以人的意志为转移。

社群的运营环境是这样的，社群该怎么理解这种现状、这个运营环境？我们每个人在做决策的时候，不管跳槽也好，还是购买东西也好，都有两种东西在心中对抗。这两个是什么？一个是追求快乐，一个是逃避痛苦。而且往往决策的时候以逃避痛苦为主，怎么理解？比如有些人跳槽，为什么跳槽？很多时候不是新的公司的待遇高，而是在旧公司没有存在感，看不到前景，所以要从原来的公司离开，进入一家新公司。所以从跳槽就能看出来，人在选择一件事情、做一项决策时，要么是为追求快乐，要么是为逃避痛苦，而往往是以逃避痛苦为主。

那决策动机跟玩社群有什么关系？人类历史无非有两个状态，这两个状态不断地博弈。第一个是安定指数非常低的时候，第二个是安定指数非常高的时候。安定指数低代表这个时代是战争纷乱的时代，而且处于分裂的状态，大家都在思辨、战争、打仗等等，所以安定指数非常低。什么时候安定指数非常高，安定指数非常高就指的是今天安居乐业，每个人都有家庭、公司、职业，自己喜欢做的事情，而且可以很和平的做好这些事情。即使现代社会出现了一点不和谐，但不伤大雅，整体的安定度还是非常高的。

在不同的社会环境下，每个人采取的决策不同，安定指数非常低的时候，比如二十世纪二三十年代，整个国家处于颠沛状态，而且各种战争，内战、外战不断，环境极度不安定。战争年代家破人亡，每个人都处于游离状态。人民处于大逃亡状态，工业属于坍塌状态。所以这个时候非常困难，人是非常没有存在感的，要家没有家，要工作单位没有工作单位。

而人又是一种群居动物，不可能少了和他人的沟通，所以就会倾向于加入一些其他组织。所以越是战争年代，越是纷乱、分裂的状态，产生的组织就非常多。所以在上个世纪初，社会非常不安定的时候，出现了大量组织。国民党组织、中心会、同盟会等等。包括春秋战国时代，道家、法家、儒家等等各种各样的流派，其实每个流派代表了一个社群组织。在战争年代组织大量的涌现，而今天这种情况很难出现。

今天是一个安定指数非常高的时代，我们大量的时间被家庭、单位占据。在这个时候，安定指数非常高，家庭和美，有自己的工作、事业爱好等等。所以这种状态下，再进入一个新的社群，就有难度了。这就是当前社群运营的环境。所以社群的运营确实有困难，这个困难跟我们的能力有关，但绝不是主要原因，而是社会背景的原因。

所以一个人能力再强，也是被时代塑造的产物，人不可能跳过时代去创造。即使再厉害的英雄人物，也离不开社会大背景，只有时代的企业，没有企业的时代，对我们做社群、做公司、还是做个人也好，我们一定要看到当前形势，当我们看到现在是一个安定指数非常高的和平时代，那在经营社群时就不要有太大期望，不要追求社群天天腻在一起，这是很难实现的，所以在运营社群时要调低对它结果的期望，不要陷入一种执着。这就是关于社群运行环境的介绍和分析。

———— 菜根谈 ————

一个真理：十年前，你周围的人会根据你父母的收入对待你。十年后，你周围的人会根据你的收入对待你的父母！所以我们必须努力！

☁ 6. 社群的三大战略及实践

关于社群运营的一些方法，关于社群运营的三大战略及实践。

社群的运营其实受限于运营环境，在和平指数非常高、稳定指数非常高的时候，做社群其实是有难度的，在社群稳定数比较低的时候，会出现大量的社群。其实这暗含三个规则，第一个规则是时间上是不是能够实现家庭、工作单位和做社群的时间的聚合；第二个是当时的现状是否产生大量冲突；第三个是有没有这种价值观和牵引。

所以社群的战略，其实就是时间和冲突以及价值观的一种东西，形成运营社群的基本的东西。关于实战其实就是扩大三个社群的重合度，家庭、工作单位和运营社群时间上的重合度。如果不能实现时间上的重合度，对运营社群可能会有很大的障碍。所以我们坚持的原则是建立一个对我们的家庭、工作、营收有帮助的社群。如果做不到这个原则，社群可能就会遇到家庭和工作时间的牵制，会有压力。

怎么去设计这样一个价值点？首先要想到社群里边有没有家的温暖和感情，能不能让用户的家人参与进来，这是第一点。第二个是做这个社群能不能给用户带来价值，尤其是商业价值。也就是说通过在社群里面的参与感，能否带来实际的营收、合作、利益。没有这一点的话，用户很难在这个社群里持久地待下去，持久地花时间，这是价值点设计的两个原则，就是要在社群里面找到家的温暖和商业价值。

参与感的设计就是做每一次的社群不管是线上还是线下活动时，让用户的家人和同事小伙伴也参与到社群用户中来。如果能参与进来，那么做的事就有保障了，因为如果说他这个时候跟家人在一起，他的时间就可能会花在家庭和工作中，而没有放在社群。所以我们在参与感设计时，如果让社群的活动也能够承载家人团聚和小伙伴一起工作，那么做这个社群就可以保证时间上的一种闭合。实现了时间的闭合，用户在社群里边的消费时间就会增长，你的活跃度自然而然就会带来增长，这是第一个关键点，叫时间的闭合。

第二个关键点是冲突推动，我们一直强调在一个社团里边要不断地有一些冲突性的活动，因为冲突从社会角度来讲的话，是能够塑造社群的边界的。人与人之间怎么才能呈现不同的身份感？其实就是靠冲突来实现。比如去年年初时，有一个非常火的事件是百度帝吧出征事件，这个其实就是90后参与的一次反台独事件。很多老一辈人说90后是没有希望的、垮掉的一代，不具备爱国精神。其实不是这样的，去年那次百度贴吧事件宣告了90后非常具有爱国精神。爱国精神从哪里体现？其实就是靠一次台独和反台独的冲突事件来塑造。假设在一个村里面有赵、钱、孙、李四家人，区分出这四家人的利害和身份归属，最快的办法就是打架，打一次架就会发现，哪些是真正参与其中，谁维护谁的利益，就立马可以看得出来哪家姓赵、钱、孙、李。所以冲突是非常容易塑造社群边界的。

做社群该怎么做？第一个原则就是通过冲突的方式做社群的边界，其实是为了塑造每一个人的身份认同。第二个，现在社会虽然社会安定指数非常高，大家在物质上虽然很丰盈了，但在精神上、情绪上有很多问题。我们会感觉到内心匮乏，这其实就代表认知的一种缺陷。还有就是现在有了朋友圈之后，有了这么多的社交工具，社交却变得非常浅薄，交心的朋友越来越少，这就是当代人的一个痛点。

我们现在有这么多的物质财富，我们到底在追求什么，人生存在的意义是什么。其实当代人普遍缺乏信仰，缺乏追求，对前路感到迷茫，这是当代人的缺点和痛点，冲突其实就是源自于痛点的挖掘。在运营社群时，需要通过这种痛点的挖掘来实现用户之间的一种交互。交互的方法有很多，比如在社群里边举办一次辩论会、一次 PK 活动、一次积分类活动等等。这种交互方法在做社群时也非常实用。这是通过社群的冲突行为来创造每一个用户的身体识别，这是第二点。

第三点是快乐牵引。古人曾经说过一句话："分久必合，合久必分"。如果说冲突本身是在创造一种分离的状态，那快乐牵引就是在统一大家的思想，然后形成一种合力。最好的形成合力的方式就是让大家统一目标，统一价值观。怎么理解，就是我们要坚持一个原则叫塑造饥渴感。当代人有很多痛点，该怎么解决这些痛点？其实很多痛点是因为很多人没有意识到这样一个问题，或者说不知道这个痛点背后代表的是什么。

这个时候作为社群的运营人员就要把这种痛点通过塑造饥渴的方式让他觉得我们需要一点追求，有人生的方向和目标。而且要把一群人的目标统一在一起，其实就是通过塑造饥渴的方式，让每个人意识到大家的命运是共同的。

第二步要强化目标，我们在群里面不断告诉我们未来的愿景，我们社群的价值观是什么，我们这个社群待人接物、相互交流，平等、公平、诚信等等。这种核心的价值观要不断呈现出来，不断通过洗脑的方式，然后洗心。洗脑让用户放弃理性的思考，洗心让他从内心里面认同我们的目标。只有整个社群的人统一在同一个认知和向往之上，社群才能够形成凝聚力。

怎么去做强化目标的事情？除了社群的价值观、理想、愿景、目标、原则之外，要不断通过具体的手段或手法、方法，刺激用户本身，形成对目标感、价值观的认同。正面的刺激包括哪些？一旦用户遵循了群规，做了符合社群价值观的事情，我们要及时的给他奖励和荣誉。这种奖励和荣誉未必是物质的，可能一个鼓掌、一次微笑、一次甜言蜜语就是非常好的激励和塑造。关键要基于用户本身的痛点和内心的渴望，然后塑造饥渴状态，需要通过重复塑造，然后统一到理想战线上去，统一到一个目标中。其实就是想通过强化目标，重复用户本身的理想的状态，然后通过这种正面刺激的各种手法手段，让重复目标状态成为一种常态。

第三个原则，快乐牵引，其实就是要升级我们的价值观。我们做组织活动的时候，不管是原来做党组织或团中央、团组织，大家特别喜欢讲为了实现共产主义而奋斗。虽说是非常大而空的话，但其实它恰恰是我们内心真正的渴望，恰恰是这个事情本身的价值观。所以我们也应该像宗教、党组织一样，运营我们的社群，让每一个人在目标驱使之下，实施正面行为，并给予正面刺激和及时奖励，这样就可以塑造出社群本身的统一性和凝聚力。

所以在运营一个社群时，要坚持这三大战略。

———————————— 菜根谈 ————————————

合作是高阶的竞争方式，当你干不掉对手的时候，要么屈尊于他、合作而治，以避免机会成本和资源的无畏消耗，要么采取迂回策略，通过与其他竞争者通力合作、携手治之，亦可提高竞争效率。但作为高阶的竞争方式，合作之于合作者却是一种格局和心性的双重考验，更为不易。

7. 社群五大要素之链接点

社群运营是有方法的，方法是很具体，可以量化的，而且可以流程化的。

第一部分是社群的构成要素，社群由哪些东西构成。该怎么入手做一个社群？关于社群的构成，第一个构成要素叫社群的链接点。这个内容是很重要的，就是社群到底为什么而存在，社群的这些人到底为什么而聚在一起，就是解决这个问题。

社群本身有五大功能要素，第一是链接点；第二是结构点；第三是价值点；第四是运营点；第五是扩张点。

第一，社群的链接点，有哪些具体的链接点？就是大家聚在一起到底是因为哪些原因？有六个链接点，第一个是产品，不管是卖东西的社群，还是卖服务的社群，大家会因为一个具体的产品而聚在一起，就是非常喜欢产品带来的价值，而且能够享受到社群通过这种互动的方式带来的面对面的交互感。而且在产品的使用价值上不仅仅得到了产品的一个功能，而是得到一个整体的解决方案，甚至是面对面的服务。所以第一个链接点是产品，很多社群都是通过一个产品的具体使用而链接到一起。比如小米的米粉社群，还有果粉，喜欢用苹果的一些朋友也能够形成一个果粉会等等。所以因为产品而聚在一起，这是自然而然的事情，每一个产品形成一个链接点。

产品层面其实有两种，第一种是有形的产品，第二种是无形的产品。有形的产品就是看得见摸得着的，比如一部手机、一辆车，我们看到很多车友会等等，其实车本身就成了产品的一个载体、一个链接点。那无形的其实就是服务，现在讲消费升级，其实不是说把有形的产品再功能升级。真正消费升级是在服务上的机会上的一种提炼、优化、再造。现在大量的消费升级的机会恰恰是在服务本身上，中国经过了过去二三十年的野蛮式的快速增长之后，服务一直没有匹配上国家经济的发展速度。未来，讲服务是绝对的一个好机会，这种服务包括很多，法律、社群营销、财务上的服务等等，还有具体的手艺的一种提高等等。无形的服务产品，价值也是越来越高，而且衡量一个国家的经济发展水平的恰恰就是服务业的发展速度。像欧美发达国家，他们的服务业也就是第三产业是他们国家的主要收入来源。而一些发展中国家，主要靠农业和工业。

所以讲到产业层面来看运营社群的时候，社群的构成之一就是产品的链接，更多的是在服务层面，因为只有服务才能形成黏性，一个赤裸裸的产品很难产生黏性，人们消费的功能是产品本身所带有的内容，具体的互动的东西，这种互动的东西或内容其实就是一种服务。所以我们做社群时，在选择链接点上尽可能选择服务类的链接点，只有服务才能形成高频次的互动和交流。

第二个链接点是行为。行为就是我有什么喜好、什么兴趣。市面上有非常多的因为行为而建立起来的社群。比如读书会、篮球群、吃喝玩乐群。这其实就是一种爱好、一种手艺、一种兴趣。大量的社群是因为这个行为，包括前两天看项目的时候，看到一个非常好玩的一个社群——壁球。估计很多人都没有听说过壁球是什么，在中国只有10万用户，这是一个非常小众的贵族化运动聚起来的社群，它也是存在的，而且黏性非常高。所以做一个社群其实很简单，围绕爱好和兴趣，然后聚一帮人一起玩，一起做线下活动，一起做出这种仪式感来，那这个社群就火了。

第三个，标签，因为标签而聚集在一起的社群非常多。标签就是符号，这种符号是很容易被识别的。社群的标签其实就是共同的符号，共同的特质。包括星座、明星、属相、甚至姓氏。因为星座、属相、或喜欢某个明星聚在一起的社群也非常多，各种各样的粉丝会，星座研究大会，研究的社群也是非常多的。所以我们在做一个社群的时候，因为一个被大家所熟知的标签或共同的符号而聚在一起也是非常可能的。

第四个链接点叫空间。这个很容易理解，比如广东人在北京，这是一个典型的基于地域空间而聚在一起的社群，其实就是老乡的感觉。因为同样的空间塑造了同样一群人，有共同文化、共同价值观的一群人，所以他们即使到另外一个新的空间之后，他们空间带来的认同感依然是抹不掉的，所以在一个新的空间里边，把原来所固有的符号和价值观又重新塑造一遍。我们讲的老乡会，就是典型的利用空间的方式链接在一起的一群人，而且这个黏性非常强。再比如我们在一个社区，一个小区内，我们这个小区也是基于空间而聚在一起的社群。

房地产公司如果想转型做互联网，想做社群的话，最好的方式是什么？把每个小区的这些人系在一起，而不仅仅是同一个社区。通过几个房子把人放在一起，其实是没有黏性的。房子本身只提供了一种空间的载体或叫物质的载体，而真正让这种关系拉近，不能光靠房子，而且一定要靠关系、靠链接、靠内容、靠服务、靠社群里面做的各种活动才能够建立起这种链接关系，尤其是主题类的活动很容易把人链接在一起。所以房地产公司如果想做社群，最好的方式就是建立业主委员会，这样很容易形成一种黏性。当然这对房地产公司来讲也有一个不好，就是一旦这些业主搞在一起之后，将来可能对于他们做房子、做服务提出更加严苛的要求。这种严苛的要求一旦满足不了，可能会带来一些公共危机等各种事件。当然这可能是对于自己产品的不自信，如果真正对自己产品有自信的房地产公司，它完全可以接受通过社群链接的业主形成之后，然后提供建议和意见。

第五点是情感。人生无非有这么几种情感，爱情、亲情、友情、同学情等等。这些人聚在一起形成一个社群之后，情感上反映出来的就是爱情、亲情、友情和同学情。对于社群来讲，典型的例子就是同学会。不管是小学、中学、大学，同学情是大量存在的，尤其是在商界，比如说这种商学院、北大、清华，基于大学生校友的关系所行成的商业价值，圈子人脉是普遍存在的。而且在这样一个非常喜欢玩圈子的时代里面，同学情对于一个人的事业发展影响非常之大。

有了微信群之后，原来从不联系的小学同学、初中同学就慢慢建立起了联系。这其实就反映出有了现在社群的运营工具之后，社群之间的黏性、人和人的链接路径越来越短。这种情感其实就是背后促使的一个关键因素，有了科技之后，如果没有这种情感，依然点燃不了人和人之间的链接关系。只有有了这种情感，再加上互联网的手段或工具，才能够让这种关系变得紧密，而且频次越来越高。所以一定要珍惜人与人之间的情感链接关系，因为这种同学情、亲情、战友情等等，在未来的某一个时间，一定会帮助到你。只要好好的挖掘出每个朋友的价值，只要能够给每个朋友创造出价值，那么这个朋友所赋予的社群上的支持和帮助将是无穷的。

最后一点是价值观。讲价值观一定会涉及一个概念——三观，三观是世界观、人生观和价值观。三观之间的关系和链接是什么？或者说世界观、人生观、价值观到底指的是什么？世界观是人对世界、对事物、尤其是对大自然的一种看法，就是我们所讲的唯心还是唯物等等。人生观就是对自己人生的看法，我到底是谁？我从哪里来？到哪里去？这是人生观的三大问题。价值观是我对别人的看法，我对这件事情，在人类社会发展中的事情是怎么看的。所以世界观决定人生观，人生观决定价值观。所以与其说我们在找共同价值观，倒不如说我们在寻找我们自己到底是谁，到底是一个什么样的人，从哪里来，到哪里去，我现在处于什么样的位置。这种价值观不仅仅靠寻找，还要主动去吸引，是靠你对世界的看法，对自己的看法所吸引到的共同的一帮人所形成的东西，才叫价值观。

所以研究社群研究的不仅仅是如何通过运营它来实现自己的价值，或是说挣多少钱，有多大影响力，其实那只是表面结果，关键是通过玩社群一定要玩出自己的人生目标是什么，人生哲学到底是什么，一定要把握这个层次。如果没有这样一个层次，玩社群时很难把握住这么多的用户。因为用户本身是一种向心力，一旦向心的标杆或对象不具备哲学观的时候，是很难有长久的吸引力的。所以玩社群玩的不仅是一种生意，一种情感，更是一种哲学。我们必须具备这样一种思维才有可能把社群玩好，所以特别强调价值观。我们要不断的独立思考，然后去塑造这个价值观，你就很明白自己在什么位置，未来想创造出什么样的业绩。如果这个人生问题解决不了，是很难玩社群的，很难给别人创造价值，很难吸引到别人。

总体来看，这是我们做社群的基础，我们到底拿什么东西来聚集这些人，把这些人紧紧捆在一起，链接在一起，这是我们要认真思考的一个问题。

菜根谈

三种经济：①共享经济：所有权让渡分配权，流通价值在社会资源配置上凸显。互联网像水一样，把沉睡的资源唤醒并流通开来。②网红经济：人性崛起，价值观货币化加速，功能性需求下沉，消费升级提速。③社群经济：信任附着物从权威向社交转移；权力平等意识空前崛起，群体个性化消费成为流行，变革带来的不安全感让社交成为刚需。

8. 社群五大要素之结构点

社群的各种要素之结构点。

如何规划社群的结构点？

社群其实就像电影一样，在电影里有不同角色，不同分工。社群也是，在社群里面，需要有人，还需要有载体，需要有剧本，这是社群里面的玩法和原则。还要有社群资源，工具等等。社群运营的规则，就像电影一样，也需要有一个具体的规则，如果没有规则，是没有办法完成一部电影的，对社群来讲这也是很重要的，社群的结构点大概分成六类。

第一个，关于社群的组织成员，可能很多人认为一个群主、一个社群师就可以管理一个社群。其实不是的，玩社群是非常复杂的事，因为它本身处理的是人和人之间的关系。处理人际关系，最考验的是情商。情商就是对别人的态度情绪、性格特征是否敏感，这恰恰是一辈子中最难的事情。想要做好一件事很容易，但想看透一个人却很难。

所以玩社群，对群主或社群师的最大要求就是会处理人际关系。在处理关系时，首先得处理好内部关系，才能够处理社群关系。内部关系怎么处理？首先清楚内部社群成员。社群成员分成这么几类：第一个，群主，要对群结果和目标负总责，这个角色非常重要。这个社群的调性到底是什么样，它是学习型、实干型，还是生意型的，就在于群主本身的身份。

第二是小秘书。小秘书其实就是在协助群主做一些事情的规划、发布等等。在群里面叫小秘书或小喇叭。

第三个是意见领袖。一个社群如果想持久存在享有价值，就必须有一些大咖坐镇，有一些意见领袖存在，就像一个电影需要有个台柱子存在，所以社群也必须有领袖存在。

第四个是意见领袖的助理，需要来辅助领袖。因为小秘书辅助群主，而意见领袖也比较忙，没有时间处理很多事情和一系列问题。所以意见领袖的助理就需要帮他做一些日程的规划、对接等等。

第五个是活跃分子。我们在玩一个群时，总有那么一两个人，天天在群里面刷存在感。这样的人其实就是社群里面非常重要的种子用户，或活跃分子。所以做一个群的时候，首先要找出一些活跃分子，让群的热度或活跃度掀起来。

第六个角色叫编辑。对于很多人来讲，原创文章特别苦恼。因为原创内容需要大量思考、总结，用好的语言组织结构把它呈现出来。写作对一个人的挑战也是非常之大的。对用户、社群运营者来讲，一个非常捷径的方式就是在社群里边组织一些话题，发起话题或讨论，然后让每一个人不断的输出，这样就可以出一篇非常好的文章了。所以内容呈现出来之后，希望有一个编辑做整理，然后发到新媒体、公众号等等进行传播，带来新的流量。

最后一个组织成员是分化群主。一个好的群主、社群师不但能够做好一个社群，还能发现社群里边具有社群运营能力的分群主、分社群师。一个人只懂得自己成功，而不能帮助别人成功，不能发现一些有潜力的人，这样的人顶多是一个兵、一个主管，但不足以成为一个帅才、领袖。所以社群在运营时，要想办法挖掘有潜力的人。只有通过这种方式，社群才会裂变，影响才会扩大。

第二个结构是交流平台。微信群不等于社群，它只是社群的一个载体，一个平台。

第三个是加入原则，社群需要有门槛，如果一个社群什么人都可以进，那这个社群注定是一盘散沙，无法形成凝聚力和向心力。所以一定要有进入社群的原则。比如我们在做群的时候，喜欢先把价值观体现出来，吸引大家加入。然后就是如果他符合我们的价值观，我们可以直接邀请进群。还有一种方式就是鼓励社群用户，然后邀请他们的好友进入我们的群。

第四个是组织资源。这些资源包括什么？包括资源包、话题包，包括一些大咖的资源，包括一些媒体资源，这都是要组织好的。如果不组织好的话，运营时就非常乏力，捉襟见肘。

第五个是管理工具，管理工具很重要，比如社群里面经常有一些微课，微课有哪些直播软件，目前的微信群只能承载500人，有10个群，如何让这10个群同时产生直播，其实就需要有管理工具。最好的方式就是利用同步直播的小助手。还有就是客户、用户，要怎么维护？要知道每个人的特点，利用简单的 Excel 把每个人的名单列出来，喜好、习惯、年龄、职业，有什么资源，通过这种方式统筹起来。这样会发现很多机会和商机。所以这种管理工具是要准备好的。

最后一个运营的规则，每个群都有群规。就好比国家有宪法，公司有公司法、公司制度，家庭有家法家规。其实做社群也需要一定规则。怎么拟定社群群规，社群群规一定要简单，因为社群本来就是松散的自主行为，如果非常严苛和复杂，是没办法落实的。所以社群群规要简单、直接有效。

这就是社群的结构点。

———————————— 菜根谈 ————————————

互联网是一部宫廷剧，像极了当年的三国纷争，门户、商户和用户，大家彼此博弈、各取己需，门户通过提供便利权和选择权，牢牢锁定海量用户，以中介之姿，挟持商户交钱就范；商户靠垂直价值和品牌忠诚，妄图逃离门户魔掌，直接猎获用户；用户是商业生态链的下游，仅仅为了获得需求满足，而成了门户和商户博弈的砝码，最终却在竞争和妥协中，推到了上帝的宝座上。

$\smile$ 9. 社群五大要素之价值点

关于社群构成要素的价值点，在建立一个社群的时候，我们会想为什么要建这个群，它能带来什么价值。这是运营社群最关键的部分，不管做生意也好，创业也好，最关键的就是产品。价值就是社群的产品。

价值点非常重要，一个社群有没有用，关键在于如何给用户创造价值，如果没有价值，用户不会持久。这种价值包括很多种，人脉，赚钱的机会、存在感等等。如果提供不了的话，用户是不可能在社群"浪费"时间的。因为对一个人来讲，最贵重的就是时间资产。所以在运营社群的时候，如果没有办法塑造价值，没有办法让用户交换他们的时间，那做社群是有难度的。从运营角度来讲，你的社群为什么没有回路，是因为无法给用户创造出更多的让他愿意在你这个社群里边耗费时间的价值，不但没有活跃度，甚至会退群。所以社群能否创造价值，这是非常关键的。

社群价值的产生方式有哪些？无非是两种，第一种就是运营方自己主动产出，我们有自己的意见领袖，有核心人物，有 KOL（Key Opinion Leader，关键意见领袖）通过 PGC（Professional Generated Content，专业生产内容）的方式带来的价值。这是第一种，就是自己做内容，让用户享用。但这种方式成本很高，而且对做社群的人来讲，需要具备做内容、做产出的能力，对小白是很难实现的。

第二种方式是群成员本身的自我输出。用一个专业的互联网术语叫UGC（User Generated Content，用户原创内容）的方式，就是让用户自己在群里面进行自我的发出内容来，然后给别人提供价值，别的成员也会跟我们成员之间产生同样的价值。这种方式其实就是通过社群的一种规则、玩法，把UGC每个人的力量发挥出来，实现价值同步。

社群的具体价值有哪些。比如玩一个群，到底有哪些东西，有这么几类。第一种叫知识或干货，比如说我们做一个女性社群，女生最关心的就是家庭关系、容貌、美食等等，还有就是女性比较感性，跟别人沟通，总会带有一种主观情绪，容易造成很多误会误解。很多矛盾也都是沟通不畅导致。所以这种沟通的干货是非常需要的，这就要求运营者要围绕用户的痛点，提供这种知识干货。

对其他社群也是如此。每个用户群的痛点需求点不一样，根据这个做出一套知识体系，然后不断输出这种干货，这是非常重要的。第二类就是提供这种知识，通过直接输出的方式实现，还有一种方式是咨询答疑。一般在做社群的时候，更多的是除了微课，知识干货的直接输出之外，我们更愿意在某个固定的时间点，像专家咨询、问诊那样，通过问答的方式，直接解决用户需求。

这种方式有两个好处，第一种，解决实际的问题，知识干货只是一个通常的东西，未必能解决核心问题。真正想解决用户问题的话，还是需要通过咨询答疑的方式。第二种好处是这种方式更容易形成互动感。真正想一点一滴掌握某种技能的话，还是要靠咨询答疑的方式，甚至手把手的方式更容易实现。

第三个是内容的价值点在于社群的产品。好多社群玩着玩着就突然成立一个公司，做了一款产品，零食、酒，甚至每个人写两篇文章，100个人组成200篇文章，然后20万字出来就成了一本关于某个主题的书。这样的出版物在生活当中普遍存在，所以社群价值点除了知识干货之外，还包括社群的具体产品。而且这样的产品越来越多，给大家的帮助也越来越大。关键一点还在于自己产出，自己销售，创造的不单单是一个具体产品，而且通过本身设定的通路的话，还可以实现产品销售，这是社群产品最好的玩法。

第四个是社群的利益回报。我们知道这么多社群里边最活跃的就是微商群。主要是因为微商里面有这样一个赚钱的激励机制，以及赚钱的规则。它里边不但可以享受到产品的试用机会，还可以通过分销的方式得到利润的回报。所以这也就是为什么很多人在微商群玩着玩着就不上班了，因为微商带来的收入可能要高于她的工资，而且可以很稳定可持续的带来收入，因此她会辞职，然后直接进入到社群里边，和社群保持一致，保持同步。所以微商类社群的活跃度非常之高，这让那些没有收入的，或收入非常低的一些女性、大学生、闲散人等进入社群一起赚钱，这是一个非常好的玩法。

第五个价值点是社会活动。为什么很多社群经常举办一些活动，因为这种社会活动是一种非常好的对外面世界的价值输出。这个很重要，建议做社群的时候，要形成一个固定的节日。比如双11，社群也要形成这样一个节日。

最后一个价值点是社群里面存在的达人。社群不但可以承载产品，还承载人。很多平时名不见经传的草根阶层，因为在社群里面长期活跃，输送价值，渐渐成为了这个社群的红人、达人。这样一个达人，就是社群里面的IP，也是以后不断发掘出来IP机会的好机会，每个人都要通过输出、发现自我、给别人输出价值、刷存在感的方式，让自己成为社群里边的IP。这个时候才能享受到社群带来的价值和红利。

这是关于社群的第三个构成要素：价值点，总结来看，价值点主要包括以下几方面：关于社群价值的产出方式有两种，第一种是社群运营本身向外输出，就是PGC。第二种是通过机制的方式，让每个群成员释放价值做产出，叫做UGC。在这样产出方式的前提下，用户在社群里面愿意得到的东西，具体有这几个：第一个是知识干货；第二个是跟老师面对面，跟KOL领袖面对面，然后解决实际问题，个性化的问题；第三个是社群里面本身有产品，比如说酒、零食、出版物、好的硬件产品等；第四个是利益回报，在社群里可以赚到钱，还可以享受到产品试用的机会；第五种是社群活动，可以通过社群活动的参与来刷存在感，得到群体的承认。

最后一种是社群达人。每个人通过自己的价值输出都可以成为社群红人，这是非常关键的。而且未来IP会成为一个非常重要的流量入口，所以对于每个人来讲都是机会，要抓住机会，然后在社群里面不断的塑造自己的价值，让价值最大化呈现，社群就会抓取你的价值和标签，推你做社群代言人，然后不断帮社群创造更多的价值。所以这就是社群的价值点，一个社群如果没有好的价值点，是很难抓住用户的时间的。我们一定要在社群运营过程中不断创造价值，帮助用户解决实际问题，让每个用户获得利益和个人的学习成长。只有这样，才能保证社群的回度不断提升，保证社群成为一个用户依赖的社群。

─────────── **菜根谈** ───────────

大部分人都在捞鱼，却鲜有人养鱼。为此，发明了各种鱼饵（产品），挖了各式各样的鱼塘（渠道），练就了各种钓鱼本领（营销技巧），请来了各路钓鱼高手（团队），编纂了各个让鱼上钩的理由（品牌），界定了各方面的捕捞权限（外部环境），目的就一个：捞鱼！举目望去，这种向市场索取的贪婪和欲望，甚至到了令人发指的地步，结果你看到了：经济疲软，竞争激烈。这就是"市场肾亏效应"！

☁ 10. 社群五大要素之运营点

社群第四个要素是运营点。

社群的行为包括四种感觉：第一种叫仪式感；第二种叫参与感；第三种叫组织感；最后一种叫归属感。通过仪式的方式规范每个人的行为，然后让每个人参与到社群的运营活动中来。同时把参与的过程流程化、组织化、标准化、最终让每个人在社群里边找到归属感，让一个社群变得有价值。

这四种感觉该怎么运营。第一个，仪式感的问题，说宗教、政党、协会、家庭、公司等等都有一套自己的仪式。比如入佛之前，要剃度。入佛之后要换行头，每天要不断诵经，这就是仪式感的范畴。对于一个党组织的成员也是，一旦入党之后，党员之间的称呼也会发生变化。这种称呼的变化其实也是仪式感的一部分。

社群的仪式有哪些？有这么几种，第一个叫吉祥物。社群有代言人，这个代言人可以是人，可以是物，我们暂且称呼其为吉祥物。看了这个吉祥物之后就会想到社群是不是跟我有关系，到底是哪个群。第二个叫社群的旗帜，每个组织都有自己的旗帜，看到旗子就等于看到了组织本身。旗子本身是具有号召力的，尤其在战争年代的时候，看到旗子就等于分辨出了组织，这其实就是社群的旗帜作用，它是一个指向标。

第三个叫社群的手势。党员之间见面会握手，佛教徒之间见面会双手合十，基督教徒见面，又是另外一种手势，这个手势其实就是一种通过人的四肢行为，规范大脑，规范内心。通过外化的肢体语言触动他的内心、他的大脑，是这样的原理。还有就是社群里面的一种流行语，流行语很关键。很多公司都会有一些流行语，不同公司有不同文化、不同标语，这些标语，就是社群流行语。

在做社群的时候，是不是有自己独特的流行语呢？这个必须想好。还有就是社群节日，所有的成型组织都有自己的节日，无一例外。党有建党日，佛教有自己的节日等等。这种节日对社群持续性、活跃性具有非常大的帮助。比如我个人参与了一个餐饮项目，它每个月一次靠谱节，全国100多家店同时做这种优惠，送礼包活动。其实就是利用节日的方式把这么多的店聚在一起，形成一种势能。而且节日逐渐成为一种很流行的商业行为。比如双11、跨年年会，都是一种节日，通过这种节日的仪式感让所有社群的人聚在一起，形成集体的自我认同，这是一种重要的仪式。

最后一种仪式是入群仪式。进入一个群之前，要想好流程。比如我们想入团、入党，都会进行一系列的流程，这个流程就是入群仪式。那进群之前，是否有一套流程？是否需要审核？是否需要有人举荐？是否需要写份作业？是否需要表一下决心等等，这就是社群的仪式感。就算是男女组建家庭这种社群，也会举办隆重的结婚仪式。仪式对社群是必需元素。

第二个,参与感。很多人抱怨社群现在的活跃度越来越低,越来越没有人关注,为什么?其实就是因为社群的参与感低,社群本身的流程设计有问题。做一个社群的时候有很多的促进参与的方式,比如对于会员群,第一种参与方式叫老师的答疑,我们在做一个社群,在里面做分享的时候,尽可能要多加入一些参与的环境,老师做咨询答疑,解决实在的个性化问题,这个对于提高社群的回度是有很大帮助的。第二点,比如社群在晚上做访谈,因为晚上睡觉之前每个人都变得非常安静。此时是思想最集中、精神最放松的时候,那个时候很容易聊到一个人的心坎里。很多人聊着聊着可能聊得睡不着觉,都是可能的。

第三种是红包接龙。微信非常大的一个发明就是发明了红包,因为红包非常容易链接人和人之间的关系,一个人发,一群人抢。这种愉悦感、链接点是非常明显的。发红包本身需要很强的技巧,如果技巧运用不好,很难把红包发出高质量的。往往很多人自认为有钱土豪,然后一丢200块钱红包,其实抢完之后大家仅仅是谢谢老板,恭喜发财,就再没有了下一句话。假设发红包的时候,虽然只有20块钱,但你加入一个指令,就可以让凡是抢到红包的人自觉的按照你的指令去做一些事情,就可以把群的活跃度提起来,这是非常有效、非常好玩的。

还有就是真心话大冒险,在社群里面也会经常玩一些类似的游戏。这个游戏对提高群众活跃度,让每个人说自己的内心话是非常有帮助的。

还有一个方式是达人分享，请一些明星、大咖，在群里做分享。其实分享只是第一步，最关键的一步是在分享之前做好预热，把大咖要讲的价值点，讲的内容给各位带来的实际问题的解决要量化出来，这点很关键。所以找一些有争议的人，在分享之前做好预热，在讲的过程中多做一些参与感的设计，对于做社群的分享也好，参与感的提升也好，都有极大的帮助。

还有一种提高参与感的方式就是多做一些线下的见面会。线下活动对提升社群的参与感有极大帮助。当线下活动做得非常紧密的时候，线上活动自然而然参与感就起来了。建议做线下活动的时候，不要一手操办，要让每个人都参与进来，因为每个成员都有义务和责任参与到社群里面来。当每个人都参与到这个活动的时候，本身这一套流程就是一个很好的参与方式，就是很好的一次干货分享。这样的一种方式，对于真正提升社群的参与感有极大帮助。

第三个是社群的组织感。什么意思？就是每做一次活动，流程化东西必须有。在做一个社群的时候没有章法，就会遇到各种各样的问题。然后就会发现，一旦社群运营出现问题之后，几乎所有的人都在谈论一个问题就是责任不在于我，而在于大环境出了问题，红利过去了。其实这个是跟红利有很大关系，而且处于一个社会安定指数非常高的时候，运营是有难度的，这一点是毫无疑问的。但是关键是你有没有去找原因，就是目前做社群的方法是不是有问题、是不是不科学。我们做社群就要把社群本身当作产品来做，一定要正规起来，结合我们做社群的事前事中事后有一套标准流程。

第二就是组织层面，流程之后有没有分工、有没有时间节点，这个非常关键。分工就是谁做什么，做到什么程度，什么时候完成，奖惩是什么，这个也非常关键。这是一套完整的组织感的做法。

最后一个是归属感，当把仪式感、参与感、组织感运营出来之后，归属感是自然而然的结果。做归属感最好的方式就是内部、外部的一些活动，线上和线下的活动，多种活动。活动不断增加，每个人的关系链接变得越来越紧密。这种关系的密集程度一旦达到临界点，临界点就是信任感。一旦有了信任感之后，通过长期的合作和信任之后，就会形成一个整体。归属感自然而然就会形成。

这个就是社群构成的第四个要素叫社群的运营点。

菜根谈

大家如此重视 IP 的力量，从最底层需求来看，是对一手信息源的关注，其次才是所谓认同和情感。信息量过大的时候，信息源就成了稀缺品，绝大多数信息是无效的，本质上是信息源的泛滥。控制了优质 IP，就等于掌握了信息覆盖，更进一步地说，等于掌握了受众行为。

△ 11. 社群五大要素之扩张点

社群构成的最后一个要素是扩张点。

前面讲了社群的四个要素，第一个是社群由什么连接起来；第二个是社群的结构；第三个是社群的价值点；第四个是社群的运营点。一旦通过前面四个点把一个社群构建起来之后，就会发现仅仅靠一个群是没有办法把社群放大的。如何把社群做的有质量、做成规模化呢？需要把扩张点做好。要把一个社群的扩张点做好要注意三点：第一是核心群的打造；第二是社群亚文化的打造；第三个是如何做一个多中心的事情。

第一个，核心群好比是一个根据地，出发前要有一个根据地，根据地做的好坏决定了后面做其他社群时的后劲，主要是干三件事情：第一要培养出多个中心。好比做群的时候，想把你的社群扩张到全国各地，从北京扩展到上海、深圳、广东等等，能否把这些根据地占好取决于有多少社群的分群群主，而且这些分群的群主的能力如何决定了社群本身能否扩展。

第二个，特别强调的就是社群本身在核心群里面，流程是否规范了，是否已经测试的非常好。没有这套流程的话，是没有办法去攻城略地的。而这样一个规范化的流程对分群的群主来讲，是打仗的一套方法和策略，所以这一点是非常非常重要的。

第三个是社群里面做文化的积累。社群是一些松散的个体组成在一起，仅仅靠群规、法则是很难把一个社群团结在一起的，还是要靠文化。就像做一家公司一样，公司的制度、流程、法规、公司法、公司合同是很难把公司每一个员工的价值发挥到极致。因为人是有惰性的，本身有很多人性的弱点。要想把弱点克服掉，靠的就是团队的企业文化是否有生命力，这种生命力决定组织能否把这么多的流程规则很好的贯彻下去，仅仅靠激励制度还不够，必须在激励制度基础之上，加入企业文化。

做社群也是，仅仅靠流程制度远远不够，靠的是社群本身的文化。社群文化是每个成员和群主之间的默契。我们做出一个行为规范，就知道下一步预示着什么，这就是我们需要做的事情，我们要做这种文化的积累。这种文化的积累就是社群的仪式感，比如社群的体制、节日、手势、流行语等等。一点一滴都是文化，文化的能量对于提高社群组织参与的效率也有很大的帮助，这就是核心群的主要作用。

关于社群的亚文化，为什么流行社群，现在人群的喜好是各种各样的，每个喜好可能都会形成一个小群体、小圈子。每个小群体、小圈子就是亚文化的一个载体。这个亚文化怎么理解？我们认为有四点：

第一个是价值观，就是对事情的看法。比如做一个营销群，我们对营销的看法是否一致，是否重视新媒体营销，是否重视事件营销，是否重视案例式营销等等。关于营销价值观认同上必须一致，这一点如果达不成一致，对于后面做社群的活动都会带来很大的隐患。

第二个是对于产品的态度，对我们做企业也有很大的帮助，现在的消费升级，卖的不仅仅是产品的功能属性，还有精神属性，还有产品带来的蕴含的价值观是什么，这个很关键。所以我们所有社群的成员都要具备产品经理人的意识，要对产品的功能和精神属性、物理属性和服务属性充分的了解。现在帮企业运营社群时，假设对企业的产品不了解、不熟悉，以及背后所蕴含的思想文化不认同，不了解的话，是很难在社群里面做产品的转化。所以运营社群仅仅靠一套方法和理论和思想远远不够，还必须懂商业环境中产品的价值主张。而且这一点对于转化尤为重要，所以以后在运营社群时必须对产品所有的卖点耳熟能详，出口成章，这样才能真正的带来价值和信任。做社群不仅要懂套路，更应该懂产品。甚至要比营销员更加了解企业产品，甚至比用户更加清楚用户的需求点。而且要能够用流程语言表达，这是产品态度。

　　第三个是仪式感。仪式感是社群的流行语，社群的文化、各个层面、入群仪式等等。这些仪式感从头到尾应该对于社群这套玩法要非常熟悉才行。

　　最后一个是社群的群规，或叫社群的规则。家有家法，群有群规。做群规时一定要秉持简单、有效、可执行，不断用群规规范社群行为，让每个用户知道社群群规，每个人都形成一种意识。这就是社群的亚文化，所以亚文化是实在的东西，是可以操作的，是可以执行的。

最后一点靠多中心，靠每个社群分群的群主，是否已经储备了这么多的群主，决定了社群能否扩大。我们做线下生意，特别是连锁店生意，其实开多少家连锁店不取决于手里有多少钱、产品多好，而取决于手上有多少个合格的连锁店店长，这也是为什么大的企业招聘的时候，特别是校园招聘，强调把一些人当作储备干部来培养，目的就是在开拓一个新的市场之前先把人才准备好，我们这种商业的玩法、这套规范的流程，整个匹配的系统是很完备的，但把这些好的系统、资源、产品投放到市场当中去，要靠储备干部去开拓和维护。所以储备干部资源的多寡，决定了开店的数量和速度，同样道理，做一个社群也是如此，能否把一个核心群变成很多分群，从中心的一个社群扩展到广东、深圳，扩展到各个二级、三级市场当中，完全取决于手上有没有培养出非常好的分群群主。

关于好的分群群主，应该怎么去理解？如何做好一个分群群主？第一首先要发现这些人，认同社群的价值观，而且愿意跟你一起冲的人。第二个是看这些人仅仅有意愿还不够，还必须具备能力，尤其是资源整合能力，还有情商。社群玩的好坏取决于社群的人是不是具备很好的处理社群成员之间关系的能力，这种能力就是情商。第三个就是知识，有这个意愿想做好，第二有这个能力把群做好。但第三个要看这个人是不是能说到做到，把流程落实到每个细节当中。这样一个落地执行能力决定了社群的群主或分群的群主能否做到扩张最大化。所以在做分群时，要不断地把每个地方每个群的运营情况做一个 PK。这其实就是在突出每个分群的群主，通过 PK 的机制不断往前走。所以说一个社群的扩张取决于中心的储备量。

这是关于社群的最后一个要素，扩张点。

第 2 章
运营篇

用情商经营社群关系，用数据量化社群热度

12. 社群构建七大步骤

如何构建一个社群?

构建一个社群需要哪些科学步骤?有七个非常重要的步骤。总结下来就会发现这七个构建步骤恰恰是做一个项目,也就是创业做一个项目所需要的七个步骤。所以做社群的运营跟创业几乎是同样逻辑的,在学习这七个步骤的同时,要有一种超脱的思维,这种思维不仅是在做社群,还是在独自创业,运营的不仅是一个群,而是一帮客户,然后提供产品给他们,最后再转化生成利润等等。只有建立起这样一种思维时,做群才真正有价值,而且可以带来实实在在的帮助。

第一个,做社群先想的第一点就是,到底做哪一部分人的社群,先分析这部分人,这部分人要足够精准才行。如果这帮人不是标准人群,像公交车男女老少各种都有的话,那这群人在一起就是一盘散沙,是毫无转化价值的。

第二个是要分析用户需求。比如把这帮妈妈聚在一起,那这帮妈妈到底在具体生活中遇到什么样的问题,这些问题能否细化,而且这些问题能否有其他解决方案。所以分析的不仅是需求,还包括需求链本身,然后其他竞争对手是怎么做的。比如购买东西,现在电商非常发达,整个70%的市场被天猫和淘宝占领,留给其他的机会非常少。但是现在微商也非常活跃，通过社群卖东西的方式也非常流行。

这个其实就是一种需求，虽说淘宝天猫上有各种各样的东西，但五花八门的东西太多，选择起来会非常困难。而且会不断比较，也不知道产品的好与坏。基于这样一个需求，我们社群里面在卖一款红酒，酒是我非常好的朋友做的，而且他是全国知名的品酒师，在法国产酒的地方也混迹了好多年。我相信他是个内行，同时他有红酒的资源。另外他对红酒的理解，法国浪漫的情怀的品位恰恰是我需要的。所以这个群本身从满足需求上，是天猫、淘宝、京东上没有办法提供的，因此会选择在这个社群里面进行购买。所以非常关键的就是要分析用户需求，分析用户需求满足上是否有其他的竞争对手存在。

第三个是要定位自己。认清自己非常关键，成事，不仅仅靠机会，更是看机会来临之后，能否抓住。能否抓住主要看两点，第一，是否做好了充足的准备。第二，这是否是你真正想干和能干的事情。只有你具备而且喜欢的东西，才能真正给用户带来持续的价值。所以定位自己尤为关键。

第四个是标准服务。就是要把解决方案流程化、标准化。推向市场的时候，如果一个产品不够标准，注定是无法扩大市场的。麦当劳之所以扩展这么大，主要是因为它的系统，生产，标准化餐饮的流程是非常完善的。而且是高效率，低成本的。所以做社群提供的服务也是，要有一个标准化流程，如果流程不标准化，就很难做出这样一个市场的规模，而且没有办法把这个流程规模落地。因为在运营社群的时候，要把产品服务进行标准化流程化，因为只有这样才能定价，才能扩张。

第五点要调研测试。用户需求已经分析出来了，产品解决方案已经做出来了，而且这个解决方案是标准化、流程化的。接下来就到了最关键的时候，推向市场。推向市场的时候，我们去测验产品需求是否精准的匹配，这是最关键的时候。我们开始测试，万一发现这个事情做的不对，产品跟需求不匹配，肯定就会有问题，所以调研测试其实就是在验证，验证我们这套玩法，这套标准的服务如何精准匹配到用户的需求。

我们先在一个小的用户社群里面进行测试、验证，让用户给我们提供建议，反馈。我们需要把产品或服务的demo测出来，而且是低成本的试错测出来，然后围绕测试的结果把服务标准化，并进行修缮。第六步，推广服务，就是把手中集中的资源和兵力投放到这个非常标准化，而且已经验证了的服务方法上。所以要不断做推广和市场营销，线上和线下同步推，把产品做到量的最大化。

第七步要优化迭代。因为产品服务本身是有生命周期的，用户在用产品的时候，过段时间，他需要一个新的迭代，所以要有迭代思维。这就是为什么几乎所有的互联网产品都有版本升级的问题，包括微信、

IOS，它的系统都在升级，这就说明互联网的产品是不断迭代升级的。随着用户量的激增和使用频次的增加，产品就会出现新的需求点，这些需求需要新的版本修改，满足这些需求。做社群也是，需要不断的丰富内容、丰富服务，然后结合用户需求增加新的案例、卖点等等。而且要每隔一个周期形成固定模式的优化迭代。

要把这七个步骤很好贯彻的话，第一个是社群本身运营的好坏，它除了运营方法之外，是非常依赖于业务结构的。这就是为什么好多企业的社群非常好，但转化率总有问题，往往有时候不是因为转化流程，社群运行方法的问题，而是企业的产品有问题，在市场不具备竞争力，价格上没有优势等等。总之就是产品没有办法满足用户需求，导致社群运营过程中出现转化问题。所以社群运营好坏是非常依赖于企业的业务结构的。有三点，第一个是产品是1，社群是0，如果产品不好，社群很难做好。所以产品是满足社群用户需求的解决方案，这就是产品价值。第二是业务结构，有竞争力社群用户才能像水一样融入其中。最后一个就是做业务要具备爆发的属性。爆发属性指设计的产品本身要有独有的感觉，又有高性价比的特点，这个是业务结构。

第二点追求是什么？做社群如同创业，要像创业一样做社群。有四点，第一个，设计的目的是解决用户实实在在的痛点。第二个，做社群要具备独特的竞争优势，项目本身、提供的服务要具备这个优势。第三个，服务要有可标准化的产品。第四个，社群运营团队非常关键，比如投项目创业，重点看创业团队，尤其是创业创始人。做社群也是同样道理，社群运营的好坏看的就是社群的群主或社群师是否具备这种能力，社群的运营团队是否有竞争力将决定社群能否走到一定高度。

这就是社群构建的七大步骤。

13. 社群构建进度清单

做社群要掌握的运营方法和运营流程。尤其是标准化的运营流程。标准化的运营流程又叫做社群构建的进度表。

也就是说，已经掌握了社群的定义，目前社群运营的环境和运营的战略，一个社群五大功能要素和构建一个社群需要经历七个步骤。

那到底该如何下手？这个进度表告诉我们怎样从零到一一点一点构建我们的社群。

构建社群有四个环节或是有四个小周期。

第一点是准备期，就是在建立之前，要做哪些具体的准备，这是第一点。

第二点是建群期，全面做好准备之后，就要开始建群，到底该怎么建这个群？

第三点是线上运营期，建群之后，如何做线上的运营？有哪些点。

第四点是线下运营期，当线上运营做起来之后，如何引到线下，做线下的交互和转化。也就是线下运营。

节点	准备期					建群		线上运营		线下运营
模块	基础	技术	组织	内容	活动	入群	仪式	日常	内容	活动
细项										
人	A	B	C	D	E	F	G	H	I	J
时间										

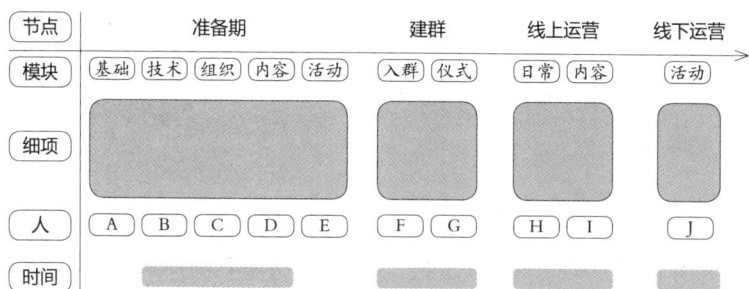

社群构建进度清单

如何做好每个节点的准备工作？或者说具体的准备工作。

准备期，对于一个社群的构建，准备期准备的是什么？应该是四个东西：

第一个，基础用户，弄清楚运营的道理从哪里来？它在哪？要怎么抓取它？

第二个，准备好运营社群时需要的技术支持，如果没有技术支持，想投入到这么多人是非常难的。

第三个，组织，有了用户、技术工具，谁来做这个事情，每个人的分工怎样，这是组织的一个分化。

第四个，准备哪些内容？尤其是素材，它就好比弹药库一样，到底该如何一点一滴的准备好一个内容，并投放到运营活动中去。这个很关键。

针对每一个模块现在适当细化一下。

比如基础用户量，有些朋友可能会问，应该从哪里发展这么多的用户？我本身是没有用户基础的，对于实体公司本身也没有用户的概念，我卖东西怎么找这么多的用户呢。

其实，不管是实体还是线上，每一个用户本身都是贵重的资产，他都会拥有自己的用户或者叫社群，只是他没有意识到什么是用户？什么是用户利用率？这个人到底应该怎么把他串起来。这是没有意识到的一个问题。

对于每个个体来讲，每个用户最主要的来自什么？只要交易产生了，就会留下用户的数据，只要抓取到它，并放到社群里来，这就是一个典型的用户。

所以，我们会发现，用户基本上会存在在哪些地方呢？在通讯录里，在客户表里，也就是说，卖完一件东西，客户的姓名、电话、住址、还有他的喜好和他买的东西的档次都要相应统计下来。

其实，这样的一个用户工具，就在我们的一个 Excel 表格里面，只要把他们加上电话或者是微信等等，就可以把他们的用户激活。

那第二种方式就是每一个结构性的公众号里面，很多新媒体的公众号，本身有很多粉丝，如果不能把这些粉丝激活然后通过二维码的方式拉入到我们的社群里面来，那他只会永远躺在我们的公众号里面、躺在我们的平台后台。

所以，总体来看，一个企业的用户量、用户基础来自两个，一个是售卖完产品之后，存在在我们的客户表里面。另一个就是在新媒体方面，新媒体方面，我们只要通过好的内容，就可以激活用户。

因此，要准备的用户量也就在这两点。

还有一个，社群到底在什么地方？微信里面还是公众号里面，还是要建立在微课里面等等，那这样的技术平台和技术工具要充分准备好。

第三个，技术准备，一个社群的构成点，就是组织构成，特别强调群主、小秘书、意见领袖，还有活跃分子和编辑等等。

这样一个组织，每个人要负责什么事情，都已经列好了，也就是说这个准备工作要做好。

第四个，内容模块，做每个社群都要对用户本身的特点准备大量的资料。比如说，关于女性模块，就会找一些关于皮肤的护养，比如一些零星的知识等等，这些都是准备了大量的资料，然后在运营过程中做到发展资源和内容不断的投放。

这样一个内容的资料夹要准备充分，并且要分门别类的形成一个知识库，像一个图书馆，需要什么书可以直接快速的找到并运用到这个社群里来。这样才能产生相应的效果。

第五个，活动。活动是指什么呢？其实就是活动方案和活动排期。

因为，社群的女性除了日常的运营之外，还主要靠平时每周一次的活动，只有活动才能够让每周具体的人同时聚在一起，才会产生非常明显的效果。比如说"双11"，本身它就是一种非常有效的活动，因为只有在这种大的活动当中，才可能产生量和势能的爆发。

所以，在准备期的时候，最起码要安排一个活动的排期，比如说每个月分别做一次线上和线下的活动，分别是什么样的主题？什么样的时间？然后，在活动环节和活动流程当中，需要给用户设置哪些参与环节，设置什么礼品等等，这些都需要在这个活动当中进行并呈现出来。

而关于具体的操作方式和流程还有配合的活动做法，后面都会一一呈现出来。

所以，准备期的工作，只要准备五个内容。

第一，基础用户量。

第二，技术工具，指的就是社群的平台、组织架构、流程以及内容库，要分门别类，要有内容，质量要有干货。

还有，准备活动的排期和活动的方案，这是准备期做的五件事情。当然，这样的事情要不断细化，而且是分配到每一个人，在什么时间点完成。

再接着就是第二个步骤，第二个是建群，建群一般有两个环节，第一个是入群环节，第二个是进群之后的人要有仪式感，入群的方式有很多种，在前面讲的社群结构的时候，有谈到三个点。

第一个，是直接把群的二维码放在我们的朋友圈里面或公众号里面，让这些人直接扫码进入，这是一个吸引式的。

第二个是邀请式的，就是我们知道，某一个人的标签是符合我们社群的人的属性的，直接把他拉进来，这是第二种。

第三种，是介绍用户，拉进来相同特质的人到我们群里，这是第三种入群。

入群之后，第二步做什么？做社群的仪式感，比如说，只要有新人进来的时候，都会有一个列队来欢迎这些新人的加入。

第二个，一般会马上发社群的群规，告诉他我们是一个什么样的群，能够给各位带来哪些价值和帮助。

而且，这些社群成员在我们群里面需要遵守哪些规则，都会一一呈现。这就是社群的仪式感。

因为，只有这种方式，别人在进群的时候，就会觉得这是一个非常温暖的大家庭，而且可以很清楚的知道这个社群的玩法规则，所以对于新加入到社群里面的人来讲的话，是有极大的促进和帮助的。

第三个，线上运营，主要包括两种，第一种是日常运营，比如说从早到晚在每一个节点上需要做哪些事情，这就是日常运营。

关于日常运营，准备的东西要充分准备好，而且需要掌握一套方法和流程，日常的和活动期间的两套玩法。

第四个，线下运营，其实主要是线下活动，沙龙、线下运营也非常重要，尤其是在现在这样一个社会稳定的非常时刻，仅仅靠线上的这种群聊，已经没有办法解决用户的黏性了，因此线下的频次反而显得更加的重要。

这就是关于构建社群的进度。四个环节、四个节点。

--------- 菜根谈 ---------

链接是边界的跨越，是生命迹象延展的表征，工具是链接的载体，并为链接创造了可能，链接人的，从来都是内容及背后的情绪，围绕内容的互动，构成了关系，互动频次的增加，形成了信任，信任和动机（有的时候也说成是价值观）的结合，形成了自组织，自组织逐渐规范化、长效化后，形成了社群，社群根据松散程度、动机指向、人人关系等要素，又分成了家庭、公司、国度、社团、宗教等具体的社群表现形式。

14. 社群日常运营清单

关于建好群之后，该如何做好线上运营，尤其是线上的日常运营，我们认为，运营社群，其实运营的就是用户的时间，就是要帮用户打发完一天24小时，而且同时产生价值，这就是运营的本质。

一天24小时很容易规划，但除了家庭和工作之外，该如何经营好自己的社群，这个时间有几个阶段，就是早晨、上午、中午、下午和晚上这五个时间段，只要利用的好，对于用户来讲是有极大帮助的，而且能给用户带来价值。

做好运营这件事情，要按套路来，抓住关键节点，布局好关键节点的模块，在什么节点做什么事情，要明白事情的本身是什么目标，要量化出来，然后，把细节列入的详细化，同时，谁来做这件事情，什么时候完成，只有完成了这样一个管理和控制的流程，才有可能把社群做好。

围绕这样一个思路，同时关于五个节点，详细介绍每个模块的操作方式。

一日之际在于晨，其实，这讲的是早晨起来后第一个行为、第一个动作是什么，这决定我们建立良好的状态并开始一天的工作。

节点	早晨		上午		中午		下午		晚上		
模块	签到 新闻		鸡汤 通知 知识		晒		通知 互动		分享	晒	互动	
目标											
细项											
人	A B C D E				F G		H	I		J	
时间											

社群日常运营清单

那早晨在群里面做哪些事情？一般起来做两件事情，第一就是签到，第二就是做早晨的新闻。

如何理解？签到就是说，签到本身的最大功能在于要帮助用户，在社群里面形成一种打卡的习惯，这点是很关键的。

让用户打开手机，在群里面签到，这说明它本身也就形成了一种习惯，而且，定位了是什么样的群，这个签到过程是蛮有效的。

第二个，做早晨新闻，其实，这就等于利用做媒体的方式、思维来进入到社群，众所周知，社群是关于人和人的连接、信任和归属，既然是有人的地方，那就是江湖，社群里面经常会发生一些故事，发生一些行为意识、经常会有一些新闻的动态，这个动态编辑就要把每个群的情况、进展，以及除我们群之外，外部的社群发生的故事和新闻，及时的发到群里来，这就是新闻价值。

自古以来，人对新闻是非常依赖的，就像空气一样，充斥到每一个环节中去，我们做一个新闻，就要把群内外的新闻，一点一滴的灌输到群当中去，这个对于社群的用户本身，了解我们群和群之外的事情，是有很大帮助的。所以群的信任是要做的。

当然涉及到具体细节的话，起点是我们在做群新闻的时候，不要做的特别长，不要超过十条，因为超过十条，过程就会非常长，就会让很多社群用户在看新闻的时候，不容易看完，利用碎片化时间打开这个群的用户，很多文字都会看不下去了。

所以说，在新闻方面，选十条最主要的新闻就可以。

那第二个细节是什么？在社群的新闻发布文案中要有社群的口号，甚至有一些社群的需求信息和供求信息，比如说社群里面谁需要什么业务、要对接，除了这些信息的内容之外还包括社群本身的口号，让用户点击的同时，接触到社群的核心价值观，让用户明白，要在社群里面形成意义。

第二个，除本身这样一个之外，社群里面供求关系，有资源有供求关系和会不会带来商业价值、合作机会等等，其实，社群可以起到这份作用。

当我们树立完早晨发新闻这件事情之后，就会觉得有一个硬态，其实设立的视频早间新闻，就像报纸一样，我们常用报纸，除了前面的新闻内容之外，在夹缝、版面里面，都会有医药的或者一些招聘的信息等等，其实，早间新闻就是要做一份小的报纸一样来做这件事情，而且要给群里面的人带来很大的帮助。

我们所做的两件事情，一个是早晨签到，是为了培养用户习惯，第二个，是做了最强的新闻，这个新闻，除了给用户本身提供信息之外，还能够提供供求关系，提供事情本身的价值观，这是早晨新闻和晚间新闻。

一般上午要干三件事情。

第一个事情，效率对大部分人来讲，是一个反人性的事情，因为又要进入公司，又要去面对这种复杂的事物了，所以，很多人的心态尤其是这些人的心态不是很高涨的，这个时候，高涨的情绪就是一个需求点或者是痛点，此时我们需要提供心灵鸡汤，"看了之后我会发现，我们要努力、我们要成长"等等这些段子会发现，用户看到这些段子，他们的心里面会缓解很多，"我还有很多的事情需要做，我还有很多的目标需要一步一步的去实现它"，所以，这就是心灵鸡汤在社群里面所存在的意义。

第二个就是通知，一般都在社群里面搞一些小活动，此时在上午做一个及时的通知，提醒全员晚上有活动，一旦晚上有时间，各位朋友能够及时参与，所以上午的发动是非常重要的。

第三个就是及时，因为在十一点半之后，整个的上班情绪已经开始了，开始想下班，吃午饭，这时大家的情绪是松弛的、放松的，大家可能有点出小差，可能会打开微信看一下，这样的话，加入用户的心理，这样的天气和时间空隙，"提供想支持的事物，中午吃午饭的时候要注意哪些细节，比如说我们的车需保养这些细节等等，要想支持的话，这个是不错的，正好告诉我这个怎么弄"，你会发现，这又是一种价值，所以社群要不断针对用户的特点实现价值，这是上午需要做的事情。

中午，一般要吃午饭，就是一个小时的时间，其实，大家是很放松的，我们要吃什么？所以中午吃午饭是一个非常快乐的事情。

在这样一个小时当中，一般会形成一个晒午餐的小习惯，中午吃什么是一个很大的难题，有很多人不知道该吃什么，所以通过晒午餐的计划，让每个人知道这是宫保鸡丁等等，因为每个人都有晒、分享的心理，尤其是女孩子，利用中午晒午饭的环节把社群的氛围激发出来，这是中午做的事情。

到了下午是一个非常沉闷的时期，很多人很容易昏昏欲睡，所以针对这样的情况，我们需要做两件事情。

第一件事情就是进行第二轮的晚间活动的通知。就是："我们今天晚上八点钟有老师在群里面做分享，希望有时间的朋友及时关注。"这是第二个通知，因为做上午和下午的通知，相信很多人已经辐射到这样的学习。

而且，发通知时要@全员，同时可以发一个小红包，凡是知道这个活动的人可以打"1"等等，这样就可以调动全体成员关注到晚上的信息。

还有，下午下班之前到五点半的时候，每个人都处于中等状态，就像上午下班一样，大家都在聊天，如果这个时候做一些小互动、玩一些游戏、猜谜语等等这些看似很无聊的小游戏，但对成人来讲，这恰恰是一个放松的时候。

因为忙了一天，很累，大家通过新的游戏、好玩的事情放松一下，这个时候可以做一些小互动，猜一些红包接龙的游戏，很容易让用户参与进来。

晚上，做三件事情，第一件事情是晚间的分享，很多群晚上经常有一些微课，举办一些团购、竞赛和讨论活动等等，这个分享的话是很正常的。

第二个是晒，因为在运营设计过程当中，很多人比较懒，比如喜欢运营但没有办法坚持，其实，这就是懒惰的表现，该如何做一些坚持的动作，就是把十个人拉起来，一起做这样的事情，比如说做一些好玩的运动像平板支撑，这样一个人做可能会很慢，无法坚持，但如果是一个群的成员同时来做，就比较好玩了，所以建议大家同时做这件事情，然后把每个人的成绩分享到群里面，这样的话有一个PK、有一个互动，就是坚持。

第三，在睡觉之前进行一场卧谈会，做一次互动及讨论，非常入心的一次分享和交流活动，这样容易形成用户的黏性，因为晚上心比较静，这时大家的精神心里面已经出翘了，心里容易产生共鸣，所以，晚上的时候可以做一轮这样的互动。

当然，经过早晨、上午、中午、下午、晚上五个时间段，大概有十几个模块，已经把社群填的满满的，而且，每个人都可以从任何一个模块中吸取到这些，可以覆盖到每个人所做的事情，同时也可以满足很多人的需求。

这就是关于社群的日常运营，做日常运营的时候，一定要把握好早晨、上午、中午、下午、晚上这五个关键节点，而且要落实到人上，当然，这么多细节其实都是习惯，在没有正常的运营和挖掘思路的时候，就会觉得很复杂，一旦发现了运营的思路，运营非常熟练的时候，就会发现这是非常简单的事情。

但是，做一个简单的事情需要重复做，比别人做得更细、更用心才能超越别人。

—————— 菜根谈 ——————

商业里面有两个最大的难点：第一，挖掘用户的真实需求及需求产生动机；第二，布设符合需求的产品线并内化为习惯。营销难的大部分原因跟营销无关，而是上述两个问题没解决，导致了营销部被栽赃。

15. 社群线上活动运营

关于社群活动的线上预热流程。

关于日常运营，我们从早晨、上午、中午、下午和晚上的时间分析，做了一个详细的模块分享。

而关于线上的日常活动分享该如何来做？

在当前的一个运营环境当中，确实，回归本身影响着我们运营的流程，回归本身，除了跟当下的运营环境有关系之外，还与我们跟线上运营的方法不得当也有关系。

所以，怎样用一套非常有效的方法来把微课或者把线上的预热活动做的更棒，是我们今天的分享内容。

预热流程到底是什么样的？

先讲一个简单的逻辑，还是像原来的操作流程一样，做任何一次流程，一定要分好结点，放每个结点的目标，而且一定要量化，同时，为了服务好这些目标，要把细节一一罗列出来，然后，让每一个知情的环节责任到人，而且要有时间节点，这个流程不变。

所以，我们通过一而再再而三的强调说明未来做任何事情一定要把事情弄明白；第二个，做完这个事情的结果和目标是什么，一定要提前做好考虑；第三个是怎么达成目标，有哪些关键节点和详细的事项，这个也要清楚。

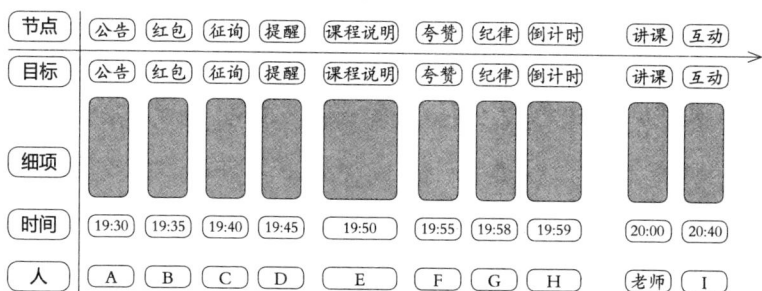

节点	公告	红包	征询	提醒	课程说明	夸赞	纪律	倒计时	讲课	互动
目标	公告	红包	征询	提醒	课程说明	夸赞	纪律	倒计时	讲课	互动
细项										
时间	19:30	19:35	19:40	19:45	19:50	19:55	19:58	19:59	20:00	20:40
人	A	B	C	D	E	F	G	H	老师	I

社群线上活动的预热流程

然后是责任到人和具体的时间点，这是一套做事方法，希望各位在编社群设计的同时，再提升自己做业务、做项目的能力，具备这样的能力之后，不管是做事情也好，还是做新媒体也好，还是销售团队，做业务都会有很大的帮助。

怎么才能把预热成从头到尾的执行完毕而且非常有成效？

首先，是线上分享，一般在晚上八点钟开始，一般八点钟的时候都回家并且晚餐也吃完了，正好是一个空档期，现在的时间段，正好是做线上分享的时间段，那假设从八点钟正式分享，那么就把七点钟和八点钟这样一个小时段作为一个详细的细分告诉大家在某一个时间点上应该做的事情。

到七点的时候，基本上可以发布我们的预告了，因为在前面做的一个详细说明，就是在晚上的分享，在晚上和下午做两次通知，这两次通知是通过对全员的提醒让每个人参与进来、让每个人知道今天八点钟的课程。

到七点半的时候，再发第三次通知，目的就是再三提醒群里的各位小伙伴今天晚上八点钟的分享，大家赶紧来听，七点半会发个公告，这个公告一般有几个原则：今天晚上分享的话题是什么；有哪些大咖或是老师分享；然后，这堂课能够给各位同学、帮各位群友实现怎样的价值，要把这个详细地列出来。

　　再@全员，每天都能知道这个事情，这是七点半的事情，七点半发完之后，可能很多人会问了，这个老师今天来讲的课非常不错，我们来听，这样，有一拨人准备进入到我们的社群里面去进行实时活动的预热。

　　到7点35分的时候，发红包，什么意思？因为这个时候还会有很多人觉得不够刺激、不够好玩，今天晚上有这样的课程，我可以参加也可以不参加，所以，这个时候需要以发红包的方式再次提醒各位，凡是抢到红包的同学打"1"，或者说一声老师好，或者是说一些口令参与进来，很多人是可听可不听的，那对于发起人应该让他争取过来听课，所以，通过发红包的方式，因为，人心里面都是很复杂的，什么意思？就是"我一旦从你那里得到东西之后，其实，从另一种角度讲我对你有亏欠，一旦有弥补的机会，我愿意把这个亏欠弥补上，或者说我拿到你的钱之后，我都尽心尽力的去遵循你做这个事情"，这就是人复杂的心理，也就是人的心理学。

　　其实，发了红包之后，在红包上加上一句话，凡是抢到红包的请打

"1"，或者打"2"，或者对今天晚上的课非常的期待，打一句话，这个时候抢到红包的人就会自觉不自觉的参与到活动当中，打一个"老师好"或者是打一个"2"等等，一旦参与之后，"我抢了红包，我参与进来了，今天晚上的课我还是参与吧"，其实，人就是有这样的心理。

到了第三环节，7点40的时候，再过五分钟，就可以在群里面问，征求各位好友、各位成员对今天晚上老师分享的主题和话题有什么想问的问题，等一下和老师的互动环节当中做一一的解答。

所以，这个征询的是用户本身对话题的期待，或者是在这个问题上所有的痛点尽量说出来，等于把用户的需求量化和明显化，这是第三个环节。

第四个环节到7点45了，因为，之前的一个互动已经过去了15分钟，这个时候通过目前的活动，很多人一般都说我进来了，但是，这个时候不知道要干嘛，为什么这么热闹？所以，7点45的时候，进行第三次的提醒，提醒今天晚上8点钟有某位老师对某个话题做专题的分享，这个话题可以给各位带来哪些帮助，同样@全员，此时，让大家知道今天晚上8点钟有这样一个课程。

到7点50分的时候，对于课程的分享还有十分钟的时候，此时要把课程做一个详细说明，比如"这个课到底给我们带来什么样的一个价值，这个老师有多厉害，在什么地方做过分享，是什么公司的顾问或者说是高管"等等，把这些课程做详细的说明，这个时候说他确实是一个很厉害的老师，讲的课确实非常深入，对于我们确实有很大帮助，这时，课程的价值就完全呈现出来了。

到7点55的时候，我们要做的事情就是夸赞，我们会发现，很多成员在群里面非常的活跃，这时可以通过前面说过社群运营的三大战略，第一，叫做时间的配合；第二，来塑造社群的编辑；最后一个就是价值观的引领，这个时候要通过夸赞的方式树立凡是通过社群规则的成员给他们一些及时的奖励，这些奖励让他们觉得"我做这件事情还可以得到群主的鼓励，可以得到群里小伙伴和运营伙伴的赞赏和鼓励"，那他的虚荣心就会得到满足。所以，此时他就会更加起劲地做对今天晚上课程分享非常有利的事情，比如说对老师这个课程很期待，或者是问一些问题，就是通过及时夸赞、及时奖励的方式，让每一个有正向价值观的用户得到社群的鼓励，让他们觉得一般成员也能够加入到社群的学习和活动中去。

所以，夸赞这个事情是非常重要的。到7点58分的时候，距离社群分享只有两分钟的时间了，此时就是要强调规则，课堂纪律，一个老师在讲课了，在听课的过程当中需要避免哪些事情？我们要提前把课程纪律通过三句话的方式呈现出来，不要太复杂。

比如说老师在讲课的时候不允许插话、不允许提问，等老师分享完之后才能提问等等，课程纪律一定要明确出来，因为老师在讲课的时候很容易受到干扰，所以为了避免老师在讲课时被打扰，就要把纪律列到社群里面，这个对课程的正常进行是有很大帮助的。

到7点59分的时候就是倒计时，这是一个非常有仪式感的时刻，比如奥运会开幕式有倒计时，我们做这样的活动，也有倒计时，是等于把社群成员的这种集体行为统一化，统一成一件事情就是倒计时，就是10、9、8、7、6、5、4、3、2、1，用倒计时的方式统一每一个人的行为规范，然后让整个社群的全体成员的动作形成一个动作，看上去非常有感觉，老师在讲课的时候也就会很热闹了，讲的时候也就会多分享一些内容，多吐露一些干货，这个感觉是十分有利的，而且，这种整齐划一的感觉出来之后其他围观的社群小伙伴和社群成员，也会愿意参与进来，这就是好处。

通过前面的几个环节，从7点30分到7点59分的半个小时的预热，终于到8点钟了，也就是老师的讲课时间，一般会讲在社群里面讲课的时间不要超过40分钟，因为线上很多人很难坚持在社群里面持续40分钟以上，按道理来讲最好的时间段是20分钟左右，可以形成一个短时间的20分钟的集中的精力，这是我们正常的一个课段。

假设课程40分钟，在8点到8点40分的时候，老师要尽情发挥个人的分享。

到8点40分的时候，进入到互动环节，关于互动提前给大家说一下，老师结束完了以后赶紧发一个红包，为什么呢？测试哪些人在听老师分享的课程，其实前面在预热环节的时候发了一遍红包，其目的是促活跃，此时是为了测试社群有多少人在听课，后面这个分享完之后的红包就是一个测试,哪些人实际在听,这对测试社群本身的课程参与度有很大的帮助。而且互动环节基本上是把老师讲的内容和学生遇到的问题进行有效的结合,实现一个良好的互动网。

所以,从7点30分到8点40分一个多小时的时间,是一个完整的流程,虽然说时间非常短,但是,细节非常多,而且,这个细节,恰恰反应每一位用户的心理,它研究的也是用户的人性和人心。

所以,这就是做好线上活动的一个完整的活动流程,现在的流程对于提高社群线上预热活动也有很大的帮助。

16. 社群线上场景二十个话术

关于社群的线上场景20个应对话术。

看到这张密密麻麻的表（下页），便可以知道一点，真正想做好一个社群，总是慢工出细活，这才能真正体现我们的专注和价值。

对用户来说，他更关心的是你的细节是否做到位，价值是否呈现出来，而呈现的价值就是靠一点一滴的积累。

而这次分享的主题是关于线上社群存在的一些场景，我们应该怎么分析它？怎么应对它？这些话术是非常重要的，因为很多人在社群运营过程中遇到突发的事情不知道怎么去处理，包括平时做一场销售活动的时候，我们面对顾客时，顾客会问各种各样的问题，我们怎么去应答他，按照原来的经验，每一个问题都要把它揪出来，揪出来背后的本质是什么，就是做一套标准的话术出来，让每个人去背、去记忆、去理解、去实操就行了。

所以，以前在零售中端做现场的时候，每个人都掌握一套百分百的话术，这个东西很重要，主要是因为话术本身提供的价值很大，而且，能够体现标准化的效果。

所以在社群里面会遇到各种各样的场景，这种场景该怎样去应对？今天会一一解答。

20个场景		
场景	本质	话术
早新闻	求知欲	我发现第X条讲的不错，很符合我，感谢！
早签到	习惯	≥10%的人参与。
感恩	回报	闺蜜们相互支持，一起变美一起飞啦！
答题互动	参与	我感觉B比较适合我，因为123条原因。
晒午餐	存在感	为了改善皮肤，特意做了XX，分享给闺蜜们。
心灵鸡汤	求知欲	这段话太入心了，我原来还以为XX，现在懂了，感谢闺蜜加持。
小知识分享	求知欲	这个小常识改变了我的常规认知，涨姿势了，回去就用，感谢闺蜜加持。
发广告	求利	闺蜜多多互动哈，先混熟了，再做生意，不过还是先支持你一把！
质疑	小信任	先客气寒暄，在一分钟内听其来龙去脉，然后阐述美否的初心，不服气直接踢。
抢发红包	贪财	抢到红包回复"1"，或者说一句"一起变美一起飞"。
假红包	贪财	我有朋友因为点击假红包而被骗走了银行卡号，闺蜜们莫贪财哈！
虚假消息	无知	经求证，这个消息是假的，闺蜜们擦亮眼睛哈，也建议此类消息别再传播。
投票	利己	（投票截图发群）投了，闺蜜之间互相帮忙，闺蜜社正能量！
转发	利己	纯广告类：喔，我就点个赞吧，支持一下闺蜜。非广告：不错转了！
点赞	利己	支持闺蜜，点了，以后多多与闺蜜们互动哦，混熟了都帮忙，哈哈！
专业求助	求知欲	老师及时回复，简单把道理说明白之后直接提解决方案，点到即止，不恋战
形象课	求知欲	上下午预热时，告知并收集问题；30分时，制造气氛，课完，即收尾。
心理课	求知欲	上下午预热时，告知并收集问题；30分时，制造气氛，课完，即收尾。
晒平板	爱美	自己做完后简单寒暄并互捧几句，开始鼓励闺蜜加油，比昨天更好。
闲聊	空虚	插科打诨，聊家常即可。
晒图	被关注	先即时赞美，再发朋友晒其作品，如果是比较专业，则往老师方向引导。

线上社群20个场景应对话术

在社群的运营过程中无非有20个场景，在社群运营中遇到的问题总结起来也就是20个点，不会超过太多。

第一个，早新闻，前面讲过社群的日常运营，讲到社群的早运营和早签到，为什么要做这个事情？因为每个人都需要依赖信息生活着，信息像空气、像水、像阳光一样已经成为我们的基础设施、基础生活的必备条件，那新闻提供的就是这种求知欲的满足，而对于这种早新闻，一般人可能会"我看这个新闻不错"，这个时候一般会跟上一句话，因为，我们的小编、小秘书有的时候发完之后没有人应答，是很尴尬的。

那作为社群运营的工作人员，一般也会在群里面同时发一句话，比如说，"我发现群新闻里面第几条讲得很不错，很适合我，感谢小编的辛勤付出、辛勤劳动"。

小编看到这样一个回馈的时候就会很舒心，所以，我们就类似于一个托，发了一个还远远不够，还要跟上一句话，我们其他的群主、活跃分子、或者说我们的领袖和助理，也要跟上一句话，"我们发现讲得很好"，当然，这是标准的话术，也可以围绕这样一个话术做一个延伸。

总的来讲是看到新闻之后有一个反馈。

第二个，早上的签到，签到的目的是为了本质上塑造一种习惯，这里会有一个要求，比如说200人的话，应该有20个人参与签到，一般的早签到会做社群的微信表情，用社群的LOGO做早上好等等，把这样一个理念分享到上面，把社群的表情投放到这里来，特别有感觉。

其实，早签到的时候，一般会做一系列的社群的早上好的表情统一发出去，但是，做社群的考核，KPI（Key Performance Indicator，关键绩效指标）的时候，会按要求10%的人能够参与到里面来，10%以上的人可以发早签到的表情。

第三个场景就是感恩，社群里面是人和人的一种连接，会自然的产生你帮助我、我帮助你，这其实是一个相互帮助、相互回馈和感恩的过程，所以，感恩的话在社群里面经常发生，因为好人好事是社群里面是存在的。

在社群里面该准备什么样的话术？比如说女性社群里面，女性朋友经常会成为闺蜜，涉及到闺蜜之间"我们相互支持，一起建立起……"这个可能是咱们社群的流行语，所以，相互支持再加上流行语，就会感觉到很客气、很好玩，这种感恩的场面就烘托出来了。

所以，这种和谐的氛围就是经常需要且存在的。

接着就是答题的互动，什么意思？在社群里会经常有一些老师的分享、专家的在线咨询和解答，这样一个答题的过程就是价值付出的过程。

对于价值的吸收方、普通用户来讲的话，我们也应该做一些事情，比如说老师讲完之后，社群的小编，工作人员要及时给老师回馈，比如说"老师讲得非常好，我觉得您讲的第二点非常棒；这是我目前的一个要求、一个需求，我觉得这……"，讲的会比较客户、比较复杂，真真正正的如果想做这种参与感，真正的内化和吸收，是需要这样一个回答和解释的。

"我觉得您讲的某一点非常的适合我，原因有……"，这样的话老师受到尊重，同时也把你自己的思路进行梳理，才能够提高在社群里面的效力。

这是答题的互动，还有就是晒午餐，在日常的运营当中特别强调的一点就是人其实都非常喜欢炫耀，尤其是女孩子，然后一到中午不知道吃什么的时候，一看群里面晒午餐了，我们就会顺着社群里面晒的午餐，做出一个选择，比如说选择一个烤肉饭就解决了。

关于晒午餐，它本质的意义是什么？"我刷我的存在感；你说这个做的非常好，那我点了一份比你这个更好吃的菜；你是18块钱的，我是28块钱的"，人就喜欢这种存在，这种炫耀，喜欢自我的内心的释放，这个时候我们一般会说几句话。

"为了改善皮肤，各位同学、各位亲友……"这个时候话术就全部出来了，这样的感觉非常有意思，不但是吃饭，而且吃的是健康，而且健康之后，还有人和人之间的互动，交流和对话。

接下来就是心灵鸡汤的问题，人在上午上班的时候，会有点不情愿，这个时候要有人打鸡血，我们做的心灵鸡汤就是为了满足这份求知欲，同时能够充满斗志，让他好好地投入到全天的工作中去。

一般这个时候应该怎么说？"我们知道这段小常识讲的非常好，这段话太入心了，我们以为是什么样，现在发现是什么样，我们现在懂了，所以，感谢我的闺蜜。"

"再一个就是知识的分享，这个小常识改变了我的常规认知，知识涨了，感谢闺蜜的帮助和支持"，这个也是一种话术。

还有，社群里面经常会遇到一些发广告的，发广告其实是自私自利的表现，所以，很多人进入群之后愿意是求利的、成交的，所以，此时一般会在群里做这样一个分享，一个回应，群里面的闺蜜要经常的互动，先混熟了再做生意，就是"还是先支持你一把，也就是给你这个广告点个赞"，这句话说完之后，你会发现，发了广告的人就会觉得很抱歉，"我平时没有在群里面活跃，活跃了一次还是在群里面发的这种广告，确实挺对不起社群的各位朋友的"，这是他自己的愧疚感，同时看到群里面的小编特别的知书达礼，"而且给我的建议是先混熟了再去做生意等等，我觉得这也是一个非常善意的提醒，而且，最后还提醒了我、支持了我一把，我觉得是非常的赞"。

　　这个时候发广告的人也不会心怀怨言，这对于发广告来讲是非常好的话术。

　　还有就是置疑，比如说在群里面做的活动、发的内容可能被置疑，这时会怎么办？先客气一下，然后在一分钟之内弄明白他为什么会置疑，先听清楚他的来龙去脉，然后，再探寻社群本身的一个初心，这是关于置疑，如果处理得好可以加分，处理的不好的话反而会起一些争斗，弄的群里面也会非常得不和谐。

　　接着就是关于抢发红包，为什么大家愿意抢红包，其实还是一种贪的表现，这种贪其实人性里每个人都是存在的，没有不贪的人，贪东西不一样，但是，大部分人可能会贪财。

　　此时我们一般会说一句话，凡是抢到红包的请回复1，或者是请回复一句咱们社群的流行语和价值观，这个是非常有效的。

我们一直强调发红包是讲究技巧的，我们不单是散财，还要散出一些机制、规则来，让用户能够友好的参与进来。

另外一个场景就是虚假信息，好多社群里面说到什么事情的时候，就是帮我们转发一下吧，这个朋友需要得到一些帮助，这都是一些虚假的消息甚至是莫名其妙的消息，对于这种没有得到证实的事情，一般会做一些求证，我们说"这个是虚假东西，所以，各位闺蜜以后一定要注意我们在发消息的时候先甄别消息再传播"。

如果是假的就不要再传播了，这个对于虚假消息是做一个善意的提醒。

抢发红包时对于假红包也会做这样一个提醒，比如说假红包，有一些朋友经常会搞一些小程序，然后抢到一个假红包，此时我们通常会怎么处理？"我有一次就是因为假红包，盗走了身份证号、银行卡号，损失非常大。所以，各位闺蜜一定要会甄别"，对一般的发假红包的人发处理之后也无话可说了，因为，很多人就是不明事理，很多用户不知道这个真红包和假红包什么区别，然后，就有怨言就会受到伤害。

所以，我们一般遇到这样抢发假红包的时候会做一个声明。

接下来是投票，投票在社群里面非常多，尤其是小孩的投票和过年的时候以及公司搞排名、搞排行榜等等，喜欢榜、喜欢刷排名，这个时候投票在我们社群里面是非常多的，它的本质其实就是利己。

此时应该怎么做？一般会让他投票我们就投票，然后，同时把投票的结果截图发到群里面，说一句话投了，闺蜜之间相互帮忙。这样一个社群本身就是一个正能量，我们只是相互帮忙，所以这是一点。

紧接着还有转发的，以前纯广告类，本身也是为了利益，为了一些报酬和帮助等等，这个时候我们可以这样说，"不好意思，但是，点个赞吧，支持一下闺蜜"。

还有点赞的，闺蜜帮我们点一些赞，其实本质上和我们的投票和转发是一样的，这种我们一般怎么做？一般会支持闺蜜，我点了，闺蜜之后的活动要多多帮忙。而且，发这个活动的各位闺蜜，你们一定要参与互动，要多帮忙。

具体的话术直接以这张表作参考（开头的表格）。

还有就是专业求助，此时我们需要老师及时的回复，尽可能的把道理说明白之后放在群里面，提供解决方案但是点到为止，我们不太赞成专业的求助。

那还有一种就是这样的一个课程，因为好多课，比如说形象的课、心理的课，这种课本质上满足了人们的求知欲，比如说形象课和心理课，我们一般是上午预热，制造出这种氛围，然后课程讲完之后进行收尾。

再接下来就是关于晚上时候晒的环节，该怎么回复，我们会说这样的，我们说完之后会简单的寒暄几句，"谁今天又进步多了，但是，我比你做的还多，明天要更要多、做的时间更要长"，这种寒暄、鼓励就会让闺蜜之间产生一种较劲的感觉。她就会不断的去坚持，本来说做平板支撑这件事情是一件很无聊、很难做的事情，但是通过你这样一努力她就起来了。

最后闲聊的时候，聊聊家常就行了，没有必要用更多的一些话术。

总体来讲，做好一个社群，是20个场景，然后每个场景里面我们怎么去应答，其实就是这套方法。

当然在运营过程当中我们还会遇到各种场景，我们只要是挖掘一些并把这样一个场景本质挖清楚之后，找到一个应对的话术，然后统一化、标准化、让每一个经营小伙伴搞明白，落实在每一个不同的场景之中就可以了。

这就是关于社群的线上20个场景，希望对你们有帮助，希望各位小伙伴在运营社群的过程中给你们带来一些提高和帮助。

------------ 菜根谈 ------------

旅行和旅游不同，旅行是用脚步带着心情徜徉，旅游是用脚步拖着脑子戏耍。有的人，走遍了全世界的每个角落，心灵却依然走不出自由的旮旯，有的人，悄然看到了路边的花开，却兴奋地嗅到整个春天。

☁ 17. 社群线下活动运营清单

关于社群线下活动运营的具体操作办法，通过四张表，总结了一套非常实用的方法。

这四张表一一来介绍。

第一张表是关于某个社群的沙龙的排期活动，从一开始的准备到后面的一个执行和传播一套的流程和做法。

第二张表就是关于社群沙龙的一个物料表，这个东西很重要，每次做活动不但费的是时间还有物料，这就是付出的成本，这个成本详细的列出来，列得很清晰。

第三个是在活动现场要做的一个事情，就是活动的签到，签到表也很重要，因为要搜集这个用户的资料。

最后一个是社群的用户统一表，主要讲沙龙的排期，其他两个比较简单，签到和用户的统计，这个就是用户数的一个搜集而已，先看第一张表讲的就是沙龙的排期应该怎么做？

首先把物料准备好，要清楚做哪个活动需要什么东西，一周时间把东西布置到位，然后要把物料拿出来，第二点是要嘉宾邀约，要请一位专

XX社群.沙龙排期表（拟定）

项目	周六	周日	周一	周二	周三	周四	周五	负责人	备注
物料准备			1	1	1				物料清单
嘉宾邀约	1	1							三位老师
主题策划	1	1							提前1个月
朋友圈推广			1	1	1	1			报名
微信群推广			1	1	1	1			报名
公众号推广			1	1	1	1			报名
现场布置						1			预演
现场沙龙							1		沙龙流程
小聚会							1		AA制
数据分析	1	1							复盘
线上传播	1	1	1	1	1	1	1		检测结点

沙龙签到表

序号	姓名	联系方式	报名方式	其他
1				
2				
3				
4				
5				
6				
7				
8				
9				
10				
11				

沙龙物料表（拟定）

大项目	序号	项目	数量	单位	规格	单价	总额	说明	完成情况
展示类	1	条幅	2						
	2	易拉宝	2						
	3	DM单	1000						
	4	背景写真							
	5	投影仪	1						
形象类	6	二维码服装	200						
	7	形象站	500						
终端路	8	货架	2						
装饰类	9	果盘	20						
	10	装饰花草	20						
物品类	11	证书	50						
	12	奖状	50						
	13	奖品书	100						
工具类	14	纸笔	100						
	15	纸杯	100						
推广费	16	微信	1						
总额									

用户统计表

序号	姓名	联系方式	需求	资源
1				
2				
3				
4				
5				
6				
7				
8				
9				
10				
11				
12				
13				
14				
15				
16				
17				
18				

社群线上活动运营清单

家请一位老师做现场分享，围绕这个活动主题来选择嘉宾。这个一般会提前一周把老师的行程安排好，一般在周六和周日，把老师的行程内容先确定，然后会有一个人专门把老师具体讲的内容和课件及时准备好。

一般做线下活动需要花整个下午，对于这样一个线下活动仅仅靠一个老师还不够，一般会准备三个老师，这是嘉宾的邀约。

第三部分是主题策划，主题策划其实就是准备好整个方案，围绕老师讲的内容，还有操作过程，策划好主题，一开始把策划的主题进行强势的传播，传播方法一般是三个途径，第一个是朋友圈的推广，物料准备好，老师也签约好，下面就是缺人，缺用户了，此时开始用朋友圈、微信群、公众号开始邀约这些人，让他们参与到报名中来，发朋友圈要发在活跃的时段，比如说晚上10点左右的时候，每个小伙伴发布朋友圈，凡是参加这次活动现场可以到我们群里面，把朋友圈利用好，一般从周一开始到周四，这四天的推广，通过这种方式实现第一批用户的到来，第二就是基于目前微信群的平台，比如说有十几个微信群，可以发出这样的通知，凡是愿意听这三位老师分享的，在周五的时候欢迎各位同学到现场来，把握时间点，现场有哪些惊喜、互动环节，我们都会告诉各位群成员让他们来报名，根据这个互动吸引用户，第三个是通过公众号的方式。做微信群或社群一定要跟媒体建立关系。怎么建立？利用公众号本身拥有的粉丝量吸引到线下，通过这样一个好的活动，把公众号的粉丝激活。不管是微信群推广还是公众号，都是从周一开始，这段时间通过这三个路径，四天时间可以实现现场的报名会超过，通过这种方式做到第一批用户，而且用户的数量也会一直增加。

因为每次活动做得都非常充分，一开始准备的50人，后来有100多人，有200人都有可能，这个过程就是细节要做得很到位，而且在推广的时候要有节奏，这是做推广的一个环节。再一个环节就是现场的布置，现场的布置会在前一天晚上完成，比如一般在周五做这样一个活动，在周四晚上下班之前就要把现场的东西布置好，而且有明确的分工，比如说桌子、椅子、凳子、投影的设备还有果盘，甚至还有现场的礼品，商品的展示区也都要到位，所以这个环节很细。到时候也要列一个清单，一项一项列好，完成一项打一个钩，这个是现场的布置。一般三个人就可以把一两百人的现场做得非常好，而且只花一天时间就可以搞定，接下来到关键时刻了，就是现场的沙龙环节。要直接做什么，关于这个活动的流程表要做好，什么时候签到，什么时候做自我介绍，什么时候介绍嘉宾，什么时候嘉宾做分享，什么时候嘉宾做现场互动，什么时候有合影环节，什么时候有体验，这个环节要列出一个详细的表，而且每一个人都要清楚的知道这个流程是什么样的，这个讲的是服务与细节。

然后一个环节就是小聚会，我们知道做社群，仅仅前面做好一些还不够，前面就是提供一种知识的干货，提供活动的体验，所以我们认为需要有一个聚会的环节。因为中国人都喜欢吃吃喝喝，这个看起来有点土、有点俗，但是有时候交情就是在饭桌上建立起来的，所以我们也不例外，做活动的时候除了大家一起学习一起成长一起交流之外，还可以一起吃个饭，一起唱个歌，这个环节我们一般建议 AA 制。紧接着是关于数据的分析，什么意思？这次活动结束之后做一个复查，分析案例，这样才有可能把下次活动做得更好。包括各位看到排序表，我们整个运作环节其实就是一次又一次的形成一个标准化的排期表，它是一个有成长性的工具表，不要把它想得很死板。

最后一步叫做线上传播，什么意思？因为这次现场来了很多人，而且老师都带有非常多的干货，把现场讲的内容录制下来，或者转成文字同时发到我们的公众号。发到公众号的同时再发布到群里面，转化到群里面来，便是打通了线上和线下，让整个活动做得天衣无缝而且非常的有仪式感。这样的运营方式有助于用户量不断的增加，而且每一次都可以提供有价值的东西，所以每次通过这种方法可以带来一些意外的收获，这个非常重要。关于怎么做社群的活动，这个表足够了，关于其他的三张小表，一个沙龙的物料，就是在一个活动现场到底需要用到哪些东西，我们认为大概分几类，一个是展示类的，条幅、写真，用来做信息的公布和发布的；第二是形象类的，我们有一些二维码的服装，现场建议参与的工作人员统一着装，这是一种仪式感，看起来也非常的统一化；再就是终端类的，比如说货架可以摆一些客户的产品，还有就是装饰类的，果盘以及装饰的花草，很漂亮也很有感觉，尤其是女孩子都喜欢这些东西，可以愉悦心情。还有证书奖状，比如说奖品，这些东西其实对于社群活动的集体奖励是看得见摸得着的，一个证书或者一张奖状其实不花什么钱，但对于参与者来说却特别有激励意义，有的人从小没有得过奖状，但是突然间通过这个活动，因为发言比较积极，除了得了奖品之外还有一个小奖状———最佳发言奖，这个小奖励对他的帮助可能是无穷的。这是奖品类的，还有工具类的，比如纸、纸杯。最后一类就是推广费用，比如说做海报、条幅，都需要推广的费用。

沙龙的物料或活动的物料就这么多，基本上现场活动就可以做得有声有色了，最后是做数据的整理、签到，每个人来了之后签姓名、联系方式，比如说是通过公众号方式报名，还是朋友的介绍，这样可以对优化推广有很大的帮助，接下来就是用户报表，里面会统一用户的姓名联系方式还有需求，资源，这个对于统计有很大的帮助，做一场线上活动，不会太复杂，各位只要把四张表用到实际的操作过程去，相信会带来更多的价值。今天的分享希望大家不断的去实现，我相信一定有收获。

菜根谈

伪需求是怎么诞生的？

1．产品经理不是该需求典型用户；

2．满足该需求的市场已经是红海；

3．把边缘需求当独立的商业模式；

4．竞争对手散布歪曲的市场信息；

5．外部环境导致需求出现大变化；

6．产品经理未能理解透彻产业链；

7．创业者盲目跟风陷入风口漩涡。

第 3 章
变现篇

用流量思维变现社群，用独特资源匹配模式

18. 社群八大变现模式之众筹

如何利用社群赚钱。现在很多人做社群的初衷除了聚一帮人之外，更多的是商业的变现和转化。

社群的变现方式有八种，社群的变现模式之一是众筹。众筹在生活中大量存在，比如十几个人、二十几个人众筹一个咖啡馆、小餐馆等等，这样的案例生活当中大量存在。

如何利用社群方式变现、众筹？分成两个部分，第一个，理论部分，就是什么是社群的众筹设计，社群众筹到底有哪些作用，社群的众筹适合做哪些事情。有哪些案例，做社群众筹的时候要注意什么问题，这是第一部分。第二部分就是利用社群做众筹的一个详细的步骤，大概分这么几个：首先是社群的含义，什么是社群众筹的含义？社群众筹的意思就是基于社群的信任，社群之间不断发生互动，高频次的互动能够带来信任。既然是信任，进行项目或某个产品的股权众筹，不是简单为了分红，是占有了社群项目的股份，有一定的决策权、管理权，甚至拍板权。这是社群众筹的含义，先有了对社群的信任感，才有了项目股权的众筹。

总结来看，社群众筹有三个作用。第一个是筹钱。为什么做众筹？因为资金不足，所以通过众筹的方式实现。第二个是筹智，在开店的时候，一个人做决策做判断有问题，因为一个人只站在一个角度上。如果

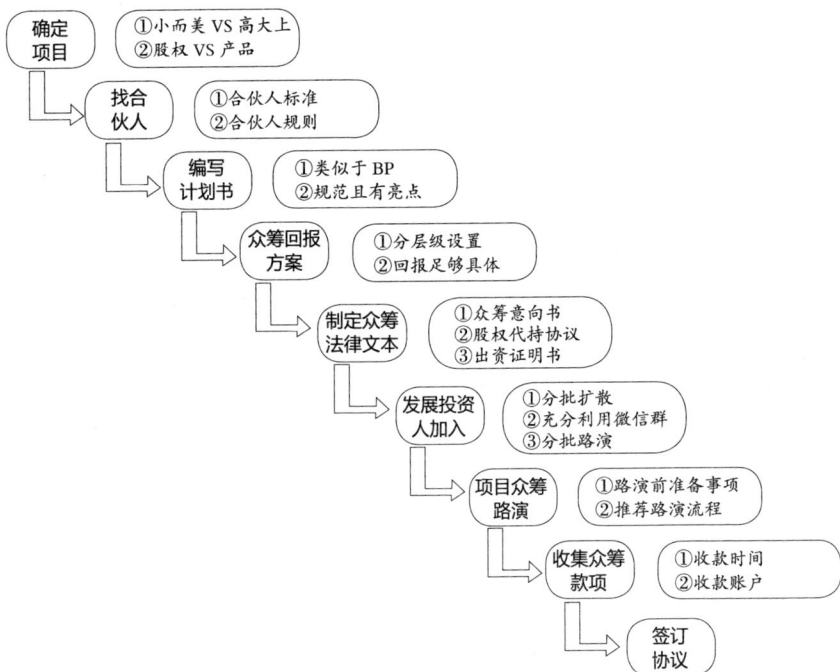

"社群八大表现模式之众筹"流程图

一群人参与，在做决策、判断的时候，就会比较完善、全面和深刻。古代有句话叫三个臭皮匠顶个诸葛亮，其实讲的就是筹智的作用。第三个是筹客，筹客怎么理解？就是我是这个店的主人，老板，请客一定会去自己的店，第一有面子，第二也确实能给店创造效益。所以众筹有三个作用，第一，解决资金问题；第二，解决管理问题；第三，解决客源问题。

什么地方众筹比较多？一个是餐馆等实体店。还有创新性产品，创业产品，因为很多人具备这种创造产品、创业的能力。但限于资金有限，没有办法做市场，此时需要发挥社会的力量，筹钱把产品推出市场。所以众筹更多适用在实体店和创业产品上。

做社群众筹有三个建议：第一是做众筹的时候，项目或产品必须要具有想象力，如果只是一个普通项目，通过众筹是解决不了实际问题的。很多项目成败是因为项目本身的商业模式有问题，不具备竞争力、想象力，所以才筹不到钱。同样道理，众筹的资金和贷款、风险投资的资金本质一样，都是一种钱，一种资本。所以众筹的项目产品一定要具有市场竞争力。第二是众筹的深度，它非常依赖项目团队的运营能力。新手团队开餐馆和老手团队运营餐馆，结果肯定是不一样的。这就是团队运营能力的问题。

做一个综合性项目，摆脱不了好的团队配好的项目的基本商业本质。所以如果想把众筹做下去，要靠优质项目和优质团队。众筹也是，众筹改变不了商业模式的本质，所以特别强调项目本身要具有竞争力，项目运营团队也要具有竞争力。

社群众筹的具体细节。第一步，众筹的项目是什么。到底是小而美，还是高大上。宁愿做小而美，不愿意做高大上。因为高大上的用户数量是有限的，而且成本太高。第二个是做项目的股权众筹，还是产品众筹。第二步，找合伙人，先定义合伙人的标准，比如他是什么标签、什么职业、什么年龄、什么收入。第二要定合伙人的规则，符合规则，按照规则行事。第三步，要做一个商业的计划书，或项目计划书。第二部分，按照规则进行规范化、流程化、凸显项目亮点。有了回报的亮点之后，别人才愿意众筹。第四个，众筹项目的回报方案要进行分级设置，而且回报周期，回报金额要足够具体。第五个部分要做众筹的文本，法律文本。因为众筹是需要合规合法进行的，需要做法律上的文件，这样就能保证众筹有效地进行。

准备工作做完之后，发展投资人加入。比如发布众筹意向书，发布股权的代持协议，还有出资证明书等等。怎样发展投资人加入？一般通过分批扩散。第二步要充分发挥社群魅力。第三个就是要进行社群的路演，这样才能形成参与的人不断加入进来。路演其实就是把具体的事项搞明白，流程梳理好。然后开始收集众筹款项，收取款项之后，要签订协议，要给一定回报等等。

众筹是非常有意思的，整个流程也非常正规。而且做众筹的前提就是项目要好，运营团队优质，这样才能产生效果。

19. 社群八大变现模式之零售

关于社群的八个变现方式之零售。

第一是众筹，通过众筹学习已经掌握了如何去做众筹。可能很多人资力、能力、甚至财力，不适合做众筹。做众筹是天方夜谭，甚至带有风险，怎么办呢？第二个变现模式是零售。

零售是什么？通过两个案例分享，第一个是关于基础舆论部分，第二个是关于实操的流程部分；关于理论部分，首先要清楚什么是社群的零售。就是某个细分的用户群用分享的方式给社群的用户提供有竞争力的产品或服务，这就是利用社群的含义。什么作用？其实通过社群的方式做零售有两个好处，没有租金的成本，不需要太多的物料费用，开一个群的时候，可以把人拉进来之后就开始卖货，第二就是通过社群这个渠道，成交完之后可以为用户提供服务，做好客户关系的管理。这就是利用社群做零售的一个好处。

第三个就是利用社群的方式做零售比较适用于哪些行业，有两个要求，第一点是产品特点要明显。如果你的产品跟淘宝上的产品相比没有任何竞争力，就不适合利用社群做零售；第二点是所聚集的这些人，用户标签足够的精准聚焦，如果做不到精准聚焦是很难产生转化的。比如妈妈群、大学生群。这样用户的属性就非常的聚焦，这对后面做转化有很大的帮助。

用社群做零售，给大家两个建议：第一个，运营团队必须具备很强的内容创作能力，一般来说，在社群中呈现的内容包括：文案、海报、语音微课、互动性强的活动等，团队在这方面足够擅长时，可以保证产品在群里面有良好的发展和传播。第二个，基于社群的电商，仍然需要在商业模式上创新，多多发挥力量，社群电商是当下非常火的一个概念，目前关于零售的创新，仅仅靠内容是不够的，如何发挥社群里面的场景做一些链接；让用户本身在社群里面创作出新的作品来；在产品创新上注入一些新的发展，这些都是需要考验我们的，所以说通过社群的方式做零售做电商仍然需要升级。这是关于社群做零售的两条建议。

　　第一个，对于社群团队本身的内容能力要求非常高，因为在社群里做产品的销售转化，不像做天猫淘宝一样的只要显示在一个重要的位置，用户看到点击购买就可以了。社群里没有所谓的位置，只有场景，这个所谓场景就是内容的方式创作出来的，所以对团队本身的内容要求非常高；第二个，要多多发挥用户本身的力量，每个用户都发挥想象，然后帮助社群促进转化，这个空间是非常大的。敢于做社群的零售，我们的产品要非常具有竞争力，用户群也要尽可能精准，同时社群本身只要搞得好，这种获客的成本是非常低的，而且社群本身的互动非常高。互动产生信任，信任带来转化。这是关于做社群零售的基础理论。而社群做零售到底有哪些步骤和环节？

　　有这样一个流程图，做详细的介绍，第一个是卖东西的，要具有爆款的属性。

打造爆款	①满足真需求 ②足够有优势 ③内容须性感
↓	
寻找铁粉	①愿意花时间 ②愿意出创意
↓	
试用传播	①玩法赋能用户 ②用户分享数据
↓	
渠道构建	①分享中寻找渠道 ②定渠道合作策略
↓	
构建用户群	①分享中拓展社群 ②用户社群运营
↓	
分享式销售	①策划促销主题 ②社群分享促销
↓	
拓展新爆款	①提炼爆款价值观 ②围绕价值观拓品

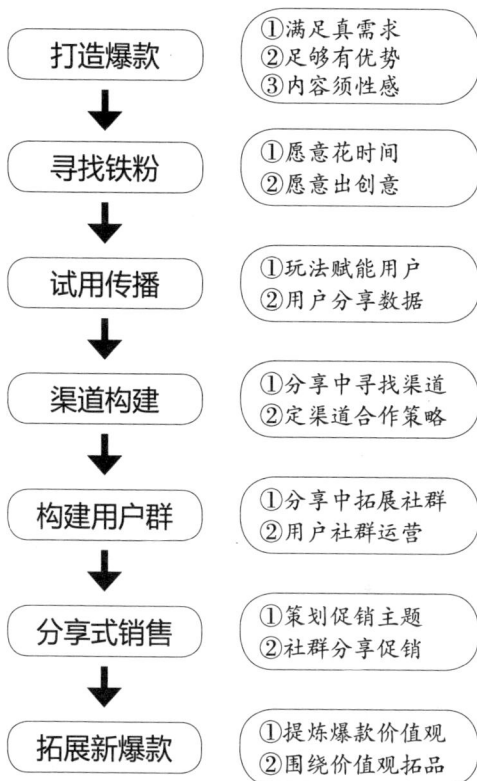

"社群八大表现模式之零售"流程图

什么是爆款？经常看到书上讲爆款，爆款战略、爆款思维……什么是真正的爆款，那么多书和文章无非就是讲三个问题：第一个，爆款要满足真需求，尤其是刚需性的产品是爆款第一要素。我们很多人做的东西非常好玩，认为一定可以卖爆，这都是自己主观的预想，而真真正正卖得好的产品，一定是满足了用户某种真实需求的；第二点，要具备足够大的优势，大家喜欢在淘宝上买东西就是喜欢去淘宝比价，去找服务好的产品。但是你的产品在社群里面进行售卖，不具有比天猫上更好的服务，不可能卖出好的东西来；第三点，内容需要性感，这也是我们一直强调，在互联网上卖东西不是卖的具体产品，而是卖的图片。社群也是同样道理，社群里面卖产品也需要有海报，有非常好看的照片。这是我们一直在强调的，对团队的内容要求是非常高的。

第二个，寻找铁粉。什么是铁粉？就是愿意在你的群里面花时间，愿意在你的群里面贡献智慧，这就是铁粉，也就是我们的第一批用户，这个很关键。

第三个，适用传播。在社群里面做产品销售的时候，要懂得分寸，要适当的拿出吸引的产品，发展给用户，让他们去玩，这种玩法可以让用户直接参与进来；第二是让用户用完了写一些报告、或者晒一下朋友圈、做一些传播、做一些调查问卷等等。

所以在社群传播这层面，最关键的是让用户参与进来，让用户和产品发生链接关系，同时让用户提供一些建议和数据软化放到数据库中来，这一点是非常重要的。

第四点，渠道构建。一旦这个产品普通用户用了之后，有一个环节叫适用传播，用户用之后会写一个体验报告，发到朋友圈，分享到其他社群，这个时候很多人问你的产品不错，我作为同类产品的渠道商，能不能帮我联系到商家，其实不单单传播了你的品牌，还有渠道的建立，所以要从分享中寻找渠道；第二点，利用社群的力量定一个渠道合作的策略，定多少货、给多少价格、是什么片区的，要构建渠道的策略。

第五环节，构建用户群。帮助渠道商构建渠道群，在分享过程中带来新的粉丝拉到群里面，一步步按照社群运营的流程激活他们，做好他们的活跃度和转化，这就是构建用户群的过程，做社群的运营。

第六步，做分享式销售。帮渠道商建好用户社群之后，要做一次全国性社群主题的分享，通过分享的方式进行促销，比如卖一款化妆品，有些女孩子是干性的皮肤，有些是油性的皮肤，我们来综合女性皮肤做一款非常有效的护肤品，此时再派一个专家介绍这个结构，最后抛出一个产品，有效的解决我们的皮肤问题，这就会产生一定量的销售。

最后就是拓展新爆款。因为社群卖东西用户本身有尝鲜的感觉，总是卖一款产品的，虽然可以形成一个习惯，但是一个产品用户会觉得没意思，我们这一款新的爆款也要符合三个因素：第一，具有足够的价格优势和服务优势，同时内容性感，做一个新爆款的时候，虽然比以前的产品有区别的，但是是同样的价值观，我们要围绕这个价值观拓展新的产品，而不是随随便便拓展新的产品，这是做零售的方法。打着爆款寻找铁粉，当我们的渠道商构建用户群，在用户群做分享式的销售；再一步就是拓展新的爆款，这就是如何利用社区的方式做零售。

☁20. 社群八大变现模式之分销

关于社群变现方式的第三个——分销。

分销对各位肯定会有很大的帮助，其实，众筹对于很多人来说参与感非常强，但是它是有门槛的，零售所要求的能力也非常高，特别是当个人来运营社群做商业转化的时候，用零售本身是十分有难度的。

第三个模式是分销模式，分销模式是非常流行的一个模式，分销简单来说，目前在社群当中利用分销的方式赚钱，就等于是微商，我们对微商并不陌生，但是对于微商的操作逻辑无疑比较陌生，微商能赚到钱的，一定不是简简单单通过朋友圈的转发和分享，而是利用社群本身的产能。

如何利用社群做分销？

第一个，利用社群做分销的理论部分。第二个，关于利用社群做分销的流程。一个是理论，一个是实操。

社群做分销的定义是什么？利用社群做分销的意思是利用社群维护代理商，以合伙人名义拓展产品渠道，本质是一种2B（To Business，对企业的产品）的模式，什么意思？我不直接卖给消费者，而是卖给渠道商和代理商，真正的总代理或品牌商才是能赚到大钱的人。渠道商中的每个人通过分享朋友圈的方式把货卖出去，实际情况是，微商的很多货滞销成渠道商的库存，真正赚钱的反而是总代或品牌商。这其实就是传统的代理模式的翻版，比如原来做线下实体代理的时候，我们想做某款手机的北京的总代理，交一大笔的钱，然后构建自己的网络，还要招人，非常的麻烦，而且这个成本是非常之高的。

但是，分销的方式就比较容易，因为只要有了微信这个工具，就可以解决，只要你的通讯录加满5000人，而且是这个产品的标准用户，那么做这个事情就非常简单了。

所以，分销的本质和做传统的代理生意是没有区别的，只是换了阵地，原来是线下实体，现在是在微信和社群里面，本质没有变，只是渠道形式变了。

第三个，利用社群的方式做分销到底有什么帮助和好处？有三个好处。

第一个，成本低、容易拓展，而且目前缺少这种模式的人非常多，很多家庭妇女或小白或是学生，他们没有经过市面的洗礼和技能，从而会一拥而上，所以这是在帮普通人寻找一个致富的机会。

那这样的模式怎样吸引人？产品首先要具有高毛利，这也是为什么微信或是微商会卖那么多的面膜，因为面膜的成本非常低，不超过1块钱一片，五片才5块钱的成本，结果，一级代理商拿的价格就是70、80，成交价可能卖到198等等，这说明它的毛利不仅仅是百分之多少，是几倍、几十倍的利润，所以对于微信做分销的产品要求就是毛利足够高；第二个要求是产品频次要高，什么意思？不要卖一个东西，这个产品用完之后三五年再用它，这是没有什么实际价值的。最好你的产品像面膜一样，每周用上两次，最好像吃饭那样，天天要用，那就非常好了，像每天贴的东西、用的东西，这样才是最好的结果。

所以说，对产品要求第一毛利高，第二使用频次要足够高，当然，还有一个要求是适用于小白这样的从业者，比如结婚之后很多妈妈为了在家里照顾孩子没有办法上班，但还想有一份职业实现经济的独立，怎么办？可以做一份分销的生意，做一份微商的生意。

比如很多大学生，大学里面有很多实践的机会，所以分销的方式也适合大学生。

举个典型的例子，韩束、俏十岁等很多微商团队采取这种模式，同样道理，针对微商、社群的做分销的方式，提出两点建议。

第一个，目前分销比较适合校园代理和微商，并且活跃度非常高，所以，通过微商和分销的方式产生的量是非常大的。

第二个，未来的分销、微商一定是精细化的管理，它本身就是一个生意，发展前景有多大，分销做为几级分销，超过三级就违法了，这样的事情也是走在了法律的边缘，它仅仅是一个生意而已，如果不在产品、品牌、内容、团队上优化的话，是很难实现突破的。

所以做分销的时候不仅是一个生意，也是一个非常牛的持久的商业模式。

到底怎么做分销？怎么成就商业模式？同样有一套流程和玩法。

第一，选爆款；第二，定机制；第三，做推广；第四，招代理；第五，强培训；第六，做活动；第七，找新款，其实在套路和本质上和社群做零售是很相似的。

但是分销是团队作战，是个人代理商协同作战的效应，而零售更多的是自己的团队和渠道，本身这个不一样，到底是什么不一样？

第一，选爆款。跟零售的爆款有相似之处，但是，分销有深层定义，它要求我们卖的产品是刚需的产品，比如说瘦身，是一个非常刚性的需求，尤其对于比较胖的女性，肉本身是一大痛点，还有爱美这个事情、皮肤好坏也是女人的一大痛点，所以，这款产品是非常火的。再一个必须是刚需的，必须是高毛利的，我们要制造品牌的势能，这也是为什么很多做微商的朋友喜欢找一些名流和明星做代言，其实是让微商品牌的产品具有高逼格。

第二，定机制。一，分销商的分层机制要定好，比如说一级代理拿多少钱，二级代理多少钱，省内多少钱，一定要把机制定好；二，制定分销商的管理办法，制定机制；三，钓鱼上钩，推广的方式有两种，第一种是树标杆、树案例、树大旗，就是要把谁通过代理实现了财富的暴增，进行炒作，然后利用各大媒体宣传。

第三，做推广。通过与我合作，谁又发财了，谁又买新房了，谁又买了一辆玛莎拉蒂，谁又换了一幢别墅，谁又去旅游了等等，这样的方式对于小白来讲是非常具有诱惑力的。

```
┌─────────────┐        ┌──────────────────┐
│   选爆款    │        │ ①刚需高频高毛利  │
└─────────────┘        │ ②制造品牌势能    │
       │               └──────────────────┘
       ▼
┌─────────────┐        ┌──────────────────┐
│   定机制    │        │ ①分销商分成机制  │
└─────────────┘        │ ②分销商管理办法  │
       │               └──────────────────┘
       ▼
┌─────────────┐        ┌──────────────────┐
│   做推广    │        │ ①标杆案例树大旗  │
└─────────────┘        │ ②鸡汤软文自媒体  │
       │               └──────────────────┘
       ▼
┌─────────────┐        ┌──────────────────┐
│   招代理    │        │ ①社交媒体吸引    │
└─────────────┘        │ ②社群课程招募    │
       │               └──────────────────┘
       ▼
┌─────────────┐        ┌──────────────────┐
│   强培训    │        │ ①利用社群做维护  │
└─────────────┘        │ ②培训技巧和鸡汤  │
       │               └──────────────────┘
       ▼
┌─────────────┐        ┌──────────────────┐
│   做活动    │        │ ①策划主题搞促销  │
└─────────────┘        │ ②指导销售清库存  │
       │               └──────────────────┘
       ▼
┌─────────────┐        ┌──────────────────┐
│   找新款    │        │ ①根据市场换产品  │
└─────────────┘        │ ②一切围绕高利润  │
                       └──────────────────┘
```

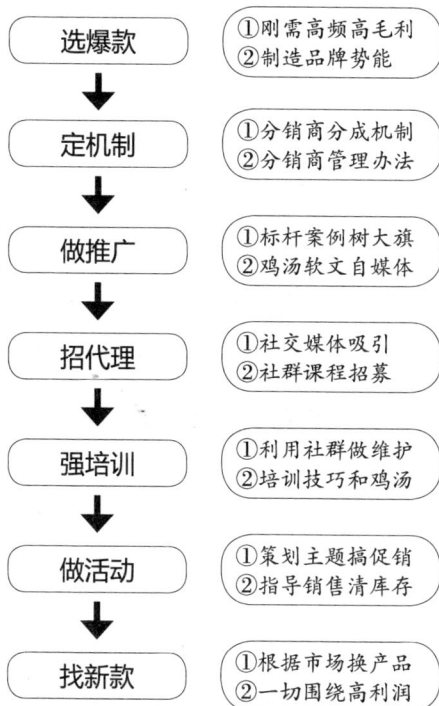

"社群八大表现模式之分销"流程图

第四，招代理。通过前面的案例、多媒体，基本上推广两种方式，利用社交媒体进行吸引，就是做了之后，在各种的公众号进行大量的推广甚至上报纸去招商；另一种是利用社群课程的方式进行招募，在过去的一两年时间里，听到了大量关于如何做微商、如何提高财富的暴增等等，而这些背后是有一个信息的，就是招代理，所以，每一个人要成为讲课的专家，然后，利用讲课的能力去招代理。

第五，强培训。把代理商聚在一起就要不断地对他们进行培训，培训本身就是利用社群给他们做维护，因为，把他们培训之后，对于社群的维护便正规起来了，这是非常有效率、有价值的组织。

找培训的技巧，也是心灵鸡汤，比如说谁又提了十万块钱的货，谁又成了当地的商业明星，谁又换房子了，谁又买了新车，然后，通过"洗脑"和培训的方式让大家具备这种信息性，还有，给大家灌输这些操作思路，如何定关键词、包装产品、做自己的个人品牌等等，通过培训的方式让大家掌握营销的技巧，所以我们不但要有产品，还要有分销的财富和能力进行实战。

第六，做活动。我们要不断地找代理商做全国的推销活动，搞促销，比如说妇女节快来了，凡是抢到的前100名，都有奖励等等，这样的推广在分销的活动中也非常的明显。

最后，找新款。因为微商和分销的产品都是一层层的做，比如说现在卖产品的微商里面，卖护肤品的出现了转移，之前卖面膜的，现在已经不做面膜，现在改卖瘦身产品，结果卖的非常好，这说明卖一款产品是根据市场的需求和饱和度，面膜每个女孩都有，你再去卖面膜，就没有效果了，卖一个瘦身的产品，比如今年产品已经卖的差不多了，那么，明年可能换一个新的产品就出来了。

所以，在卖产品的时候，要不断的寻找新款，这是关于利用社群本身做分销的一个流程，选爆款、定机制、做推广、招代理、强培训、做活动、找新款，只要把这七个步骤利用好，通过微信和社群的方式做分销，一定可以做出业绩来。

—— 菜根谈 ——

突然发觉，我们的人生成长过程，少了一个最重要的学习环节：基础概念和常识的沉淀。比如，时间、空间、人性、世界观、人生观、价值观、信息、知识、逻辑、情商、智商、沟通、感情、情绪等。我们在理解能力最弱的少年，学了这些深奥却又无比重要的词汇，却要在成年里用它们指点余生，可叹！

21. 社群八大变现模式之广告

利用做广告的方式实现社群变现。

有人说社群还可以做广告吗？是的，如果策划的好，利用社群做传播，效果会非常明显。只是很多人还没有意识到利用社群做广告的价值所在。

比如我一个朋友，有成千上万个群，把每个群的主题规定好、划分好。作为一个品牌商，想在群里做广告，在什么样的群里做，这就等于把社群像自媒体一样做了分类，然后做广告模式。

但这个模式效果不太明显，因为社群每天发布的内容太多，导致很多人对广告没有感觉，当作垃圾信息过去了。虽说社群的广告方式有一定市场、一定容量，但效果并不明显。当然有些品牌商还是比较中意这种方式，因为数量大。但做一件事就要做好，把用户的社群关系，价值发挥出来。然后给品牌商实实在在的回报，这才是我们所追求的。

社群利用广告的方式，定义是什么样子？怎么去解释？利用社群做广告的方式是基于精准的用户群，比如都是妈妈、母婴、大学生、财务、职员、法务等等。针对精准的用户群，然后通过设计活动的方式做产品或品牌的推广。这里有几个关键词：第一，用户必须是精准、垂直、细分的。第二，要在社群里面做活动。因为活动可以带来围观、互动、交流。

这种交流互动，对于品牌传播是有用的。

社群具备很强的信任感和参与感。原来的传播都是一对多的单点传播方式。社群不是，社群是分散式、裂变式的传播。投资回报率高很多，投入产出比也高很多，这是利用社群做广告的方式所带来的价值。它比较适用于用户群高度垂直的社群，比如一到三岁的妈妈群、某些地方的中产阶级、某些业主、喜欢某一件东西、有共同特点的一帮人。这就非常适合做广告，而且回报率非常高。

社群利用广告方式有两个建议：第一是社群做品牌传播要具有很强的交互性和参与性，让每一个参与的人都能够主动进入第二次的传播和参与当中。第二是让销售发生在社群的外部。怎么理解？不管众筹、分销、还是零售，它的销售是发生在内部的，什么意思？就是把人聚集在一起之后，他们又是生产者，还是消费者。但利用广告的方式，销售是发生在外部的，广告模式是做品牌的传播，真正的转化是在群外产生的。

实战环节，第一步是什么？准备资料，准备哪些东西？确定好推广的主题，设定好推广的周期。比如接到一个案子之后，要先把产品内容、产品信息、品牌信息规划好，结合当下发生的热点，然后策划主题，围绕主题设定推广中心。这个推广中心跟我们做线下活动的方式很类似，方法是一样的，只是场景不一样。

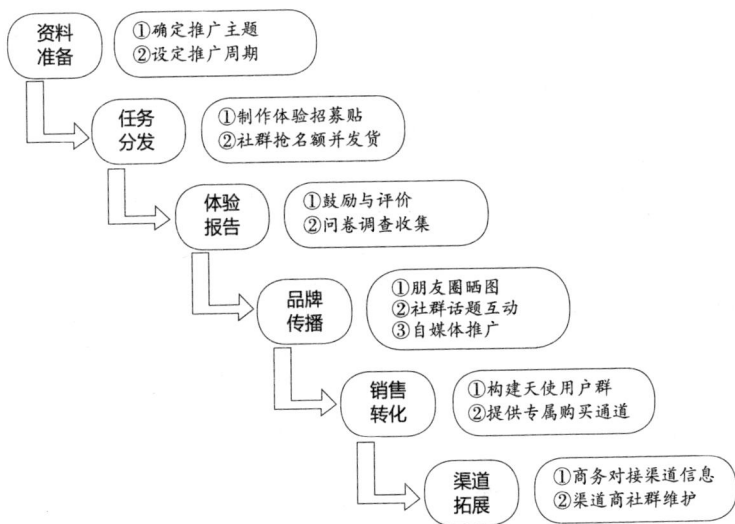

"社群八大表现模式之广告"流程图

第二个是任务分发，什么意思？一般是怎么参与的，先拿试用装，凡是参与的人都积极抢红包、抢名额、抢资格。围绕抢的主题，做一个招募帖。凡是有试用资格的人都可以参与到活动中来，有机会获得产品的试用机会。第三个是体验报告，凡是拿到试用装的，要及时试用产品好坏，或者和竞争对手的产品相比有哪些好处，哪些缺点。当然鼓励他们写优点，因为我们是做传播。然后写了报告之后，建议发到各自的朋友圈，假设每一个参与的人大概有1000个好友，有700个人发，理论上就有70万人看到我们的产品和用户体验报告，品牌曝光达到70万，这个是很厉害的。

第二个是鼓励他们做一个问卷调查，围绕产品问题、品牌等等，设置好10个问答选项，然后通过问卷、调查的工具，让参与人填报告，并进行反馈。如果有700人统计报告，对于品牌、品牌商来讲，已经有很大的帮助了。因为做一个产品，做一次客户反馈，对于品牌来讲，是意外的收获。第四步，品牌传播。其实就是利用朋友圈晒图的方式。第二，我们一般会要求品牌商，派一个人到群里面做一次产品的课程分享。这个分享的过程就是线上流程，这个直接落地就行，直接操作，一般讲三四十分钟。然后进入问答，70个群同时直播，这个感觉是无敌的。

第三点是对于品牌商的产品在我们的公众号本身，我们大约有几十万的粉丝，再做一轮自媒体的推广传播。社群互动所带来交互裂变式的东西，这种品牌传播的好处是非常广的。研究自媒体推广的粉丝，同时又做传播。接着是销售的转化，很多用户觉得这个产品非常好之后，就会愿意购买。所以传播之后，不但带来品牌的曝光，还带来了直接的销售转化。

最后一步是渠道拓展，很多女性用户，她不但体验产品，如果产品好的话更会想代理产品，这就是渠道拓展。所以从资料准备到任务分发，体验报告，品牌传播，以及销售转化和渠道拓展，形成的是一个非常完整的链条。不仅是一个传播，带来转化，带来渠道建立，还给品牌商带来一份非常有价值的体验报告。这是利用社群方式做广告的好处，是整个操作流程。总结来看，这个流程其实不难，只要一步步去做，总可以实现。

————————————— 菜根谈 —————————————

一直都认为，家庭是社群的基本单位，学会了经营家庭，就掌握了经营社群的秘诀。学习知识的捷径不是听老师讲、拿本书读，而是从生活常识中发现并感悟。生活才是活生生的免费教材，只是愿意向生活学习的人，比较少见，因为大部分人被生活浸润、做不到超脱生活。

☁ 22. 社群八大变现模式之增值服务

利用增值服务方式在社群里赚钱。

这是一个非常好的思路，尤其对很多做企业的人，或是帮企业经营社群的。这个方式可以提升社群质量、活跃度，对于提升转化有很大帮助。怎么利用增值服务的方式赚钱？关于增值服务的含义，先把用户聚起来，形成一个社群。通过社群日常运营，建立用户的信任感和归属感，信任和熟悉之后，增值服务才能慢慢呈现。

比如开一家实体店，在产品出来之前先放到用户群里面进行第一轮的传播和测试，提供一些好的建议和意见，并进行修复。社群还可以用来做品牌公关和传播，还有其他增值服务，比如我们把食客聚在一起，可能会慢慢发展成员工、合作伙伴、上下游等等。第二就是通过社群维护带来一些数量上的提升，这就是利用社群做增值服务带来的价值。第一，做产品体验；第二，做产品的品牌推广和服务；还有就是增值服务。关键在于通过把用户黏性建立起来之后，用户之间的关系建立起来了，和品牌之间的距离变短了，这其实是一种销量的提升。它比较适用于企业用来做用户关系的管理。

比如小米，小米就是利用做粉丝群的方式，引爆品牌，所以社群对于小米来说所起到的作用是非常之大的。同样道理，做这样一个增值服务，需要注意哪些问题？有两点，第一点要具备稳定的用户流量的来源。

小米社群做得好的原因是产品本身的用户基础非常大，能够产生这种效应。而且小米在做社群的时候，充分发挥了小米社区、微博等互联网工具，让用户和小米品牌之间的关系和距离非常之短，运营非常快。第二点是社群互动要具有可参与性，在运营指标上 KPI 要上去。做社群要有一些考核指标，要尽可能放松，让每个用户进入到社群时感受到温暖，感受到价值。

比如建立一个吃货群。其实它给我们带来的价值非常大，一开始也可以通过社群的方式把这些用户聚在一起。做餐饮很痛苦的一点在于即使做得再好吃，可能因为某个小细节没有做好，用户就会进行投诉。比如大众点评、美团、饿了么，都会产生投诉行为。作为餐饮的经营方，这种问题不可避免。该怎么解决？原来可能玩一些套路，想办法给用户打电话、删贴子等等。其实这样是徒劳的，现在的办法就是在餐盒上加上老板的微信二维码，凡是遇到任何问题，可以第一时间直接向老板投诉。凡投诉成功，都会给予奖励。

这样慢慢扫码的人越来越多，即使有些人没有遇到投诉的问题，也会想用加微信的方式跟老板道谢。为了集中维护这些人，建立一个群。运营时间长了，大家关系越来越紧密，而且发现这是一个非常盈利的好项目，投资成本也不高，就会可能成为加盟商。这是很意外的收获。

还有有些伙伴吃了咱们家的饭，觉得这个企业服务好，正好年底想跳槽，可能会想加入这个公司里面。慢慢的有些员工也通过社群的方式进来，第一，懂我们的产品、文化；第二，具有高素质的一些 CBD 的上班族，可以充实我们的队伍。这是通过社群增值服务带来的意外收获。

如何做增值服务？第一个，要分析需求，需求分成两个部分：第一个是要清楚我们的品牌到底在诉求什么样的价值主张，到底在讲什么。比如吃货群，在分析的时候，首先想到要做成一个非常靠谱的快餐品牌。要对用户负责，对食客负责。第二个，研究用户的痛点，就是他吃饭的时候最关心的是什么，安全问题、性价比问题、服务问题、速度问题、还是口碑的问题等等，要分析这些痛点。

第二个，做运营规划，运营规划包括两个部分，一个是技术运营，再一个就是创新服务运营。技术运营，就是按照日常的运营流程。创新的服务运营就是进入到社群里面，凡达到多少销售额，就会有一些额外的奖励，对这些资源做品牌传播等等。

第三个，做推广，就是把运营规划里面提供的项目和服务做推广，定期让用户参与到我们的主题当中。第二步，让用户通过各种各样的渠道进到咱们的平台。

第四个，基础运营，比如日常话语的展开，优惠促销活动的开展，品牌经营的输出，帮用户之间打通关系，让用户之间产生链接关系，实现资源对接。这种裂变效应是非常明显的。

还有就是线下活动，线下多见面，频次越来越高的话，才能够彼此产生认同。而且好多成交、生意都是在线下完成的。做社群也是，真正

```
┌─────────────┐        ╭──────────────────╮
│   分析需求   │        │ ①分析品牌诉求     │
└─────────────┘        │ ②研究用户痛点     │
       │               ╰──────────────────╯
       ▼
┌─────────────┐        ╭──────────────────╮
│   运营规则   │        │ ①基础运营         │
└─────────────┘        │ ②创新服务运营     │
       │               ╰──────────────────╯
       ▼
┌─────────────┐        ╭──────────────────╮
│   做推广     │        │ ①定用户参与主题   │
└─────────────┘        │ ②多渠道让用户入群 │
       │               ╰──────────────────╯
       ▼
┌─────────────┐        ╭──────────────────╮
│   基础运营   │        │ ①日常话题活动     │
└─────────────┘        │ ②优惠促销开展     │
       │               ╰──────────────────╯
       ▼
┌─────────────┐        ╭──────────────────╮
│   创新运营   │        │ ①品牌技能输出     │
└─────────────┘        │ ②用户社交资产激活 │
       │               ╰──────────────────╯
       ▼
┌─────────────┐        ╭──────────────────╮
│   线下活动   │        │ ①每月线下交流会   │
└─────────────┘        │ ②品牌发布/技能大赛│
       │               ╰──────────────────╯
       ▼
┌─────────────┐        ╭──────────────────╮
│   挖新需求   │        │ ①升级品牌诉求     │
└─────────────┘        │ ②分析用户新痛点   │
                       ╰──────────────────╯
```

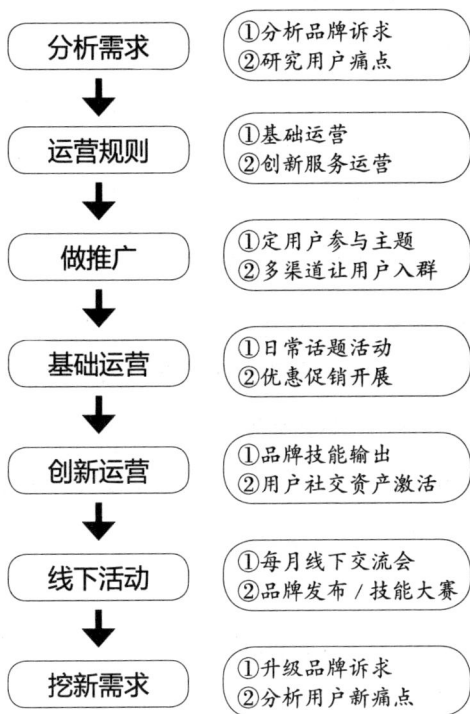

"社群八大表现模式之增值服务"流程图

的强社交、强关系，一定是通过线下的活动来支持、实现的。

最后一个，挖掘新需求，经营社群的时候，不管做服务、产品，还是运营的规格流程，都要不断迭代升级。因为只有迭代升级，才能解决用户不断增长、不断变化的需求。做增值服务的时候，也要不断挖掘用户的心理需求。第一个，要升级品牌诉求，我们不单单是卖一个安全的产品，而且卖一个有感觉、有面子的产品，所以品牌诉求上要升级。第二点要分析用户痛点。什么意思？用户痛点是一个个解决的，通过服务和流程，解决用户服务，用户痛点解决完之后，要发现新的痛点，然后再根据新的痛点，分析需求，运营规划，做推广，技术运营和创新运营，实现流程的一个自循环。

菜根谈

一个人只能靠自己的长处创造价值，这个长处除了包括做事的能力，还有激励人的能力，前者可以把业务做的很好，而后者却可以带着一群人把业务做好。

23. 社群八大变现模式之会员制

关于社群商业变现的另外一种模式———会员制。

很多有才华、有系统的人可以通过社群的方式进行变现，尤其是有输出能力而且愿意帮助别人，把自己的产品进行定价、把这种服务进行定价的人，他们用这种会员制的方式进行赚钱，应该是非常有效果的，那么，如何利用会员制，让这些有才华、有技能、有贡献精神的人也赚到钱，只要按照这样的思路走，肯定能赚到钱。

什么是会员制，其实很简单，就是把服务按时定价，然后，把社群进行分层次的维护，这就是会员制赚钱的一种方式。

服务进行按时定价是什么意思？比如说我本身画画非常厉害，那想学这个的人可以加入到我们的社群里面来，然后，一年的会员费就是2000块钱，然后在一年内可以随时随地的在群里面进行问询，我也会在群里面一个星期讲一次课，大概一年有54堂课给大家做分享，这样，你只需交2000块钱就可以，而且，我保证让你学会怎么画国画，你花2000块钱，而且认识了这么多朋友，那你是否愿意付这2000块钱的费用，其实很多人是愿意的。2000块钱能够学会一个技能，花一年的时间，而且还可以交到这么多的朋友，这个还是很划算的。

社群的分层怎么理解？你会发现，我们很多时候提供的服务很多种，比如说初级的、中级的和高级的，那高级的服务好多小白并不需要，他需要从初级的一点点积累才行。

所以，此时我们需要对不同的人群进行不同的层次划分，而且，不同的层次不同的定价，比如说初级的交2000块钱，那想学到高级阶段的国画水平，交2000块钱肯定不够，你需要交15000块钱，这样的话就发生分层，就可以分层次维护，到15000块钱高层次的里面人数会很少，但是提供的服务会更加的精准，我可能会每个月和你们见面，手把手的教你们怎么提笔、怎么着色等等。

所以说，社群的分层维护指的就是对不同的人群进行不同的维护，给他们提供不同的服务，因为高级所对应的是收费上也更加的高端，人数会少一些，提供的服务也会更加的精准和优化，而交2000块钱只能是享受基础服务。

这是关于会员制的含义，第二个，通过这种机制，把社群资源进行充分的变现，因为每个人都有才华和能力，每个人也都有自己的长处，只是没有意识到自己的长处，或者是说意识到了他的优势，却没有把长处和优势进行变现，我们觉得商业交易是一种非常好的行为，什么意思？就是通过交换的方式把自己的价值传递给别人，帮助别人，同时在这个过程中，也收获到了财富的回报，这种一来一往的交换，对于互帮互助有非常大的好处。

在我们的社会群体里面，尤其在社群里面有非常多的高人，有非常多有需求的人，那为什么不把我们的价值变现给他们，同时给他们带来一些价值，同时，我们也可以得到一些利益上的回报，所以，通过会员制的方式，是有很大的作用。

目前适合通过会员制的方式把社群变现的一般都是一类人，这类人某方面的技能非常强，要么会画画、或唱歌、或善于沟通、读书、思考、演讲等等，总有一项才华，这种才华大部分人所不具备，那么，把这种才华进行服务定价，然后售卖给群里的人，只要交一年度的会员费，然后明年再续费，明年老会员再续到1000块钱就可以了，可以通过这种方式来维护我们的社会圈层，这是一种玩法。

举一些案例，比如有一些妈妈收费社群，由于妈妈群体的人黏性非常强，提供的服务主要是内容的服务，内容包括如何沟通、如何理财、如何教育孩子、如何提升自己的形象气质等等，一年可能只收几百块钱就可以了，这个群里面的这些妈妈慢慢地会成为闺蜜，为什么会做这个事情？因为一个女人从一个男人的女朋友变成男人的老婆，这样的角色转变尤其是成为新妈妈之后，很多人不太适应，导致她们有一种产后抑郁症，须要有这样一个社群来陪伴。

妈妈社群，恰恰是在于给她们提供教育的同时，带来一种陪伴，这种陪伴服务带来的效果是非常赞的。因为大家通过一起学习，成为了好朋友、好闺蜜，大家相互来往，这样意外的收获是很多的，这是一个案例。

还有一个是天马帮，母体是"易观国际"，这是一个聚焦于传统企业转型互联网的企业家社群，主要提供培训和咨询的服务，在这个过程中把这些人串联起来，以会员制的方式，实现商业的变现。

同时，做会员制有一个难点，是价值的可持续性供给，发现很多用户，很多玩社群的朋友，机制正常，但是他的能力在一定时间内是有效的，可能在一年的时候他的能力很多，但是到明年，他的知识、技能没有更新，所以，他的老会员享受服务之后进入到下个层次，但发现传授技能的群主和创始人的能力却一直没有提高，所以导致很多老朋友续费的情况很低，主要是价值的可持续性供给不足导致的。这是第一个建议。

第二个建议，我们认为会员制只适合做成小而美，想做成大的商业模式，其实是有挑战的，所以做的好，赚一两百万是很正常的，但是，做一个千万级、亿万级的生意很难。这是两条建议，给愿意做会员制的朋友提个醒，这非常考验内容的可持续供应。第二，会员制本身给我们带来的价值回报不是太多，应该是一两百万，一个团队要想做很多，运营成本折合下来的这样一个生意，不是特别划算。

这是关于社群的会员制的理论部分，具体怎么做，要从头讲起。

做会员制，首先要清楚我们的业务逻辑，就是用户需要什么，他需要技能的提升，我们能给他提供什么东西。

第一个，基础的运营工作，比如我先把你圈起来，再一起互动，进行常规的运营和基准的服务。

第二个，如果想学到有效的东西，或有效的资源，我需要提供创新性的提升的东西也就是增值性的运营，这是整个的业务逻辑，把这个弄清楚之后，再落地执行，把需要的人、财、物进行匹配，这是我们的业务逻辑。

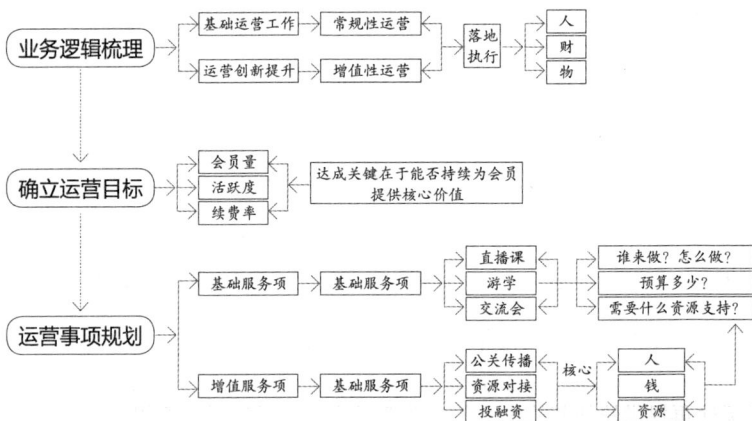

```
业务逻辑梳理 ──→ 基础运营工作 ──→ 常规性运营 ──→ 落地    ┌→ 人
               └→ 运营创新提升 ──→ 增值性运营 ──→ 执行  ──┼→ 财
                                                        └→ 物

确立运营目标 ──→ ┌ 会员量
                ├ 活跃度 ──→ 达成关键在于能否持续为会员
                └ 续费率      提供核心价值

                                        ┌→ 直播课 ──→ 谁来做？怎么做？
运营事项规划 ──→ 基础服务项 ──→ 基础服务项 ──┼→ 游学 ──→ 预算多少？
                                        └→ 交流会 ──→ 需要什么资源支持？

                                        ┌→ 公关传播         ┌→ 人
               └→ 增值服务项 ──→ 基础服务项 ──┼→ 资源对接 ──核心──┼→ 钱
                                        └→ 投融资          └→ 资源
```

含义： 服务按时定价，社群分层维护 作用： 通过机制把社群资源充分变现 适用： 提升认知或技能的教育或生活 服务类	案例： 幸福力妈妈、天马帮、看兽所 建议： 1.难点在于价值的持续性供给； 2.适合做成小而美，有一技之长者建议尝试， 但须具备内容创造能力。

"社群八大变现模式之会员制"流程图

那搞清楚业务逻辑等于什么？这个玩法怎么做？我们心里面都有一个数，比如说带来逻辑和逻辑思维；第二点，确定我们的运营规则和目标是什么？一般来讲，对于会员制作为运营目标主要有三点。

第一个，会员的数量，也就是这个群有多少人，交费的人是不是能够达到2000人或是什么样的数量，这个是数量参考的标准。

第二个，活跃度，就是每天群里面所产生的活跃数量有多少，这是一个考核标准，这反映我们群里面的运营质量情况如何。

第三个，续费率，比如说用一年度作为社群的运营标准，那到第二年度，我们的续费数量有多少，比如说2016年我们做了一万的会员，到了第二年能实现多少的续费率，是不是有800人、有500人进行了续费，然后，用户对你提供的服务做出的评价，或者是这个人成长非常快，而你无法再提供给他新能力，他可能要跳出来，是这样的逻辑。

怎么做运营规划，两个，一个是基础运营，就是提供的基础服务，像每周一次直播课，每月一次游学活动，每月一次线上交流会，大家聚在一起相互认识，产生链接关系，这是三个基础运营服务构架。

除基础的运营服务之后，还要提供增值服务，就是实实在在帮助到每个人的资源，比如说我们的社群，平台可以做公关传播；第二个，我们帮你做资金对接，不管是资金的资源，团队普通的资源，还是团队的业务模式梳理的资源等等，都可以帮你一起来做这个事情。

第三个，帮你投融资，因为很多创业者有非常好的项目，但是缺钱怎么办？我就帮你投融资，这也是很重要的一个点。

同时结合起来的话，比如说不管做基础运营服务，还是做增值服务，我们都逃脱不了谁来做这些事？怎么做？需要多少钱？预算多少钱？需要什么样的支持，也就是所谓的人、财、物的积累，资源的一个准备。

这是做会员制的大概的逻辑，这个逻辑对于有技能特长的人是非常有效果的，我们也通过这种方式，凡大家有一技之长的朋友，可以按照我们的逻辑和步骤去圈定业务，梳理逻辑，然后，再定业务运营的目标，大家按照整个思路一点点的提供按月、按周、按年的服务，只要是坚持下去，就会实现十万的业务、甚至是百万的业务突破，这是有可能的，而且，身边就有很多这样的案例存在。

———————————— 菜根谈 ————————————

当产品从实体货架搬到线上，其实是产品介质从无机物向数字比特转移的过程，这个基因要求线上产品必须重视内容表现，可惜的是，大部分人没意识到这个最基本的客观逻辑。

24. 社群八大变现模式之内部创业

如何利用内部创业方式实现社群的变现。

社群是一种很重要的方法论，运用的好，可以帮助企业实现转型。

怎么理解？大家看到这张图密密麻麻，非常有意思，这个图讲的是芬尼克兹的转型，其创始人叫宗毅。他是一个很牛的创业者，一个亿万富翁，把自己创业经验汇总成一本畅销书，叫《裂变式创业》，看了这本书和一些文章之后，把整个书和思想体系进行梳理，形成了这张图，相信这个图给大家带来的激发性就在于遇到任何问题的时候，要学会抓本质，分析原因，找解决办法，我们应该学会看现象抓本质，思考背后的现象所反映出来的本质，然后把真相进行剖析，为什么会出现这个情况？针对这个情况应该怎么去改变它？或是采取什么措施，这个是最重要的一种思维方式和思考方法。

这个逻辑就是抛开现象抓本质，领身于别人最重要的习惯，要多学会思考，多问为什么，多想怎么办，所以，我们一直强调社群学习不仅仅是提供运营社群的具体办法和解决方案，而且给大家一种强大的思考方法和逻辑思维能力，这是直观重要的。

原因 → 稳固团队 / 产业需求 → 含义 → 利益捆绑使员工变合作人 / 打通产业链利益点 → 方法

方法：
- 项目筛选
- 公司独立
- 股权设计
- 长青之法

项目筛选：
- 项目确立
- 自建团队
- 参加路演
- 认缴投票

项目确立 → 总经理五年一选；连任不超2届，卸任可参与其他平台公司竞选。（芬尼基本法）

公司独立 → 不触及既得利益；独立组织独立人格

股权设计 → 股权结构 → 总经理10%；团队15%；宗/张50%；全员25%

全员参与 → 虚拟股份；爱心基金

权益权分离 → 50%按股权结构分；30%滚动资金；20%归团队其中10%归总经理

隔代学习班 → 基础培养保持人才持续；防止裙带

弹劾委员会 → 核心股东组成；监控业绩指标达成

含义：
公司升平台，组织社群化
作用：
组织最优并应对产业环境变化
适用：
内部创业或企业内部转型

案例：
海尔创客、芬尼裂变式创业
建议：
1.考验创始人从零和博弈到正和博弈的理解；
2.要结合公司业务结构调整

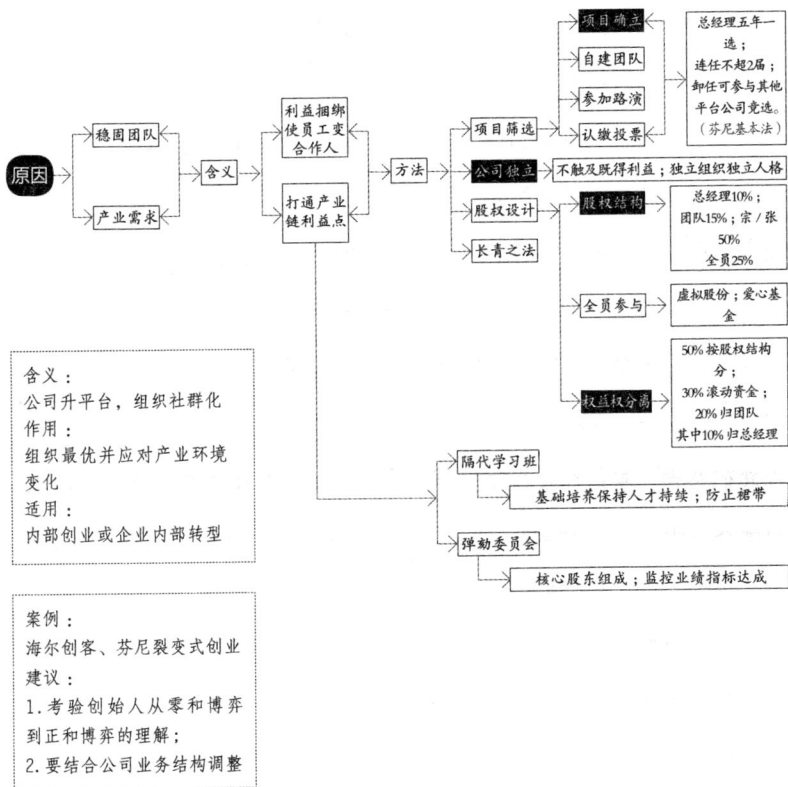

"社群八大变现模式之内部创业"流程图

关于内部创业的含义，要把我们的公司当成社群，社群是非常大的概念，家庭也是社群，是利用血缘关系连接的社群，公司是什么？是靠契约精神建立起来的社群，大家分工协作，一起定一个目标，去奋斗、打拼，这是公司的本质情况。

既然公司也是社群，那公司该如何进行社群化？进行分工协作，像组织一样产生效应？这就是内部创业，目前的公司仅仅是公司，但是以后我们想做成这件事情，然后应对互联网变化，靠什么？靠变革，变革是什么意思？让公司升级为平台，让每一个小组织进行社群化，比如财务部、业务部、市场部、人力资源部、生产部、培训部，让他们形成一个小社群，小单元，让他们自负盈亏，然后去接后面的活动，同时可以赚到营收，可以做一个品牌，又可以孵化出一个新的公司，开始的时候，在我们公司，平台还仅仅是一个功能部门，但是未来是裂变式的创业，可能会形成一个新的项目。

这种组织的变革，可以应对瞬息万变的产业环境的变化，很多互联网公司，可能三、五年的时间，就会成长为一家独角兽，十亿美金估值的大公司，只用三、五年的时间，而很多传统企业做几十年，却仅仅是一点微不足道的营收，做起来也非常累、非常辛苦，这就是产业环境的极具变化。

作为企业家，该如何去应对产业环境的变化？我们认为组织内部的变革尤为重要。

他适用于什么？适用于我们的内部创业和企业转型，因为在过去的一段时间，碰到很多传统企业家，他们最大的苦恼是不知道怎么变？怎么转型？怎么升级？那这种内部创业是传统企业非常好的自我转型的方法或路径。

第一个案例还是创客，我们对海尔都不陌生，家用的电视、冰箱、空调、洗衣机等等都是海尔的，海尔也是中国厉害的世界500强企业之一，海尔为了应对产业环境的变化，在做创客计划，我有幸也是海尔大学的课座老师，在2016年7月份，去海尔大学做了一次内部的交流，给他们分享社群的玩法，我们发现，海尔对于社群的重视程度无比之高，甚至社群已经成为海尔最高层的战略之一，那海尔是怎么做社群？怎么做创业和孵化？怎么做裂变？

海尔做了一个非常厉害的角色，把原来十几万员工进行分批处理，一半的人留下来，在海尔集团兢兢业业的工作，另一半人直接变成创客，进行内部创业，公司不再给你们发工资，你们要想办法通过海尔的资源赚钱，要不成为海尔的组织部门，成为上下游的公司，要不成为独立创业公司，总之要裂变创业，这是海尔带来的内部直接变革，它的效应出来了，我们会发现从海尔出来一二十个拿到融资的非常好的项目，他们利用海尔的品牌效应、网络渠道和客户资源，实现了营收和极具爆发式的增长。

这是海尔内部创业的结果。还有一个就是芬尼裂变式创业。关于操作的步骤，其实，也是用芬尼来做案例。关于内部创业，非常考验企业创始人是否有非常大的格局，从零和博弈进入到正和博弈的一个思维的转变，理解程度如何？

什么意思？原来做一家公司，赚的钱大部分给了老板，但未来不是，未来是一起赚钱，老板和员工是平等关系，你也是老板，我也是老板，然后一起合作把事情完成，原来是用员工本身的工资来进行克扣，然后压榨运营成本，现在不是，我们压榨员工的薪酬的话，本身是零和博弈，就是你多我少，我多你就少，那正合这个博弈，我们是老板，我们是合伙人，你得到的多，我也得到的多，只要我们一起往前冲，就会得到这种正象的现金流，而且是越赚越多的一个正循环，这是零合博弈到正合博弈的转变。

这也非常考验老板本身的格局和人格魅力。

因为很多老板做老大做习惯了，可能不太希望身边突然出现一个很牛的二把手，甚至是爆发力的二把手，他就很痛苦，这是一个老板的格局，我们发现最后的时候，企业转型失败往往取决于老板本身心态不够开放，不会总揽全局，善于分享的人格魅力他也是没有的，最后会导致企业的萎缩，这是第一条建议。

第二条建议，做内部创业时，尽可能结合公司业务结构，这是理论部分。

操作环节，做内部创业，经营好多年的传统企业，为什么要内部创业，第一是原来的团队和特别能干的业务主干，他们开始自立门户，给公司带来一种流血。

第二是产业需求，做业务要不断的整合上下资源，进行突破和转变，基于这样的原因做内部创业。

含义有两点，第一，利用利益捆绑住优秀的员工，让员工本身成为我们的合伙人。第二，打通链，整合上下游资源，把利益点分好，具体的方法有四个。

第一，项目筛选，我们有项目的确立，然后自建团队，同时要参加路演、认筹和投资，这个路径就像创业、做商业计划书、进行路演一样，但是我们强调的是如何做好商业项目的筛选，关键一点在于要有一个基本规则，在分离里面属于分离的基本法，什么意思？五年一选，连任不超过两届，同时，卸任之后可参与其他平台的竞选。

第二，公司的建立，要求是什么？不要触及集团的利益，独立的公司才有独立的人格，成立新公司，公司必须独立，如果公司、组织不独立，那操盘的过程中不可能实现自由发挥、进行自由应变的。

第三，股权设计，股权设计一般有股权结构，比如总经理持10％，团队持15％，总集团的老大持50％，全体成员持25％等等，这是股权结构。

下一步就是全员参与，让每个人都能享受到新公司、创业公司所带来的机遇，所以，他们会有虚拟的股份，同时还有爱惜基金，就是帮助有困难的人实现财务的提升。

再一个生意选择分类，投资的钱和收回的钱是有不同的。

第四，长轻之法，为保证机制能够顺利进行，需要开一所大学进行隔代学习，因为隔代学习可以保证团队的人才、队伍不断层，防止裙带关系存在，就是很多人知道的时间长了就愿意搞一些经验等等，要坚决避免这种事情发生。第二个，成立弹劾委员会，对完不成目标的人进行弹劾，是业务标准来进行的选择。

这就是内部创业的玩法，因为很多人不是传统的企业家，但是可以提供一个思路，遇到问题先想为什么遇到这些情况，本质是什么？再想针对内部创业，这是非常流行的一种做法，而且未来不具备内部创业精神的企业，会遇到很多挫折。转型的本质在于什么？企业老板要进入到一种格局，要能够实现从零和博弈到正合博弈的思想的转变，只有这样，才能把内部创业实行到位。

————————— 菜根谈 —————————

互联网圈里的从业人员基本是研究规则的，尤其是定价权，大家无须过度关注竞争，只须在一个细分里做出第一，甚至唯一，再通过投资并购建立生态护城河，就可以安稳地坐享其成。所以，互联网的最大商业模式就是通过当老大获得定价权，把自己变得值钱，然后在二级市场变现。

⌒ 25. 社群八大变现模式之投资

关于社群变现的最后一个模式——投资。

投资就是通过社群的玩法找到好的项目，发现好的创业者，实现长久的收益。

什么是利用社群做投资？含义非常简单，以学习为名义，聚集创业者，然后通过学习的活动筛选出优秀的创业者和活动，这都是利用社群的方式做投资，它是一个学习的社群，把大家放在一起筛选出非常好的创业者和投资项目，背后的资金投进去，就可以把这个事情做出来，然后坐三五年后看这个项目，可能会跑到不错的项目来。

因为我们做投资，可以找好的项目，在投资过程中会发现，其实对项目的创始人了解和认识是最难的事情，因为项目本身的模式可以迭代和升级，如果选错人，是项目的一大麻烦，是项目最大的风险。

其实社群是一个非常好的筛选人群的过滤器，因为通过社群的方式可以互动，然后了解这些人的优缺点，发现这些人能否做成一个非常大的社群，不断的尝试和体验就会发现，社群选人是一个非常好的途径。

利用社群做投资，作用是什么？它可以在短时间内，筛选创业者，看到创业者的缺点，社群还具有孵化功能，我们在社群里除了选项目选人之外，还可以做一些突出、知识的分享、路演活动和技术的提升、资源的对接等等，这样一个创业者学习的社群具备了投资的孵化功能。这是它的作用。

它比较适合于市面看到的投资机构或是投资人或是一些孵化器，这个在大学里会看到非常多的创业空间和孵化空间，我们认为，当下认为好的问题它仅仅是一个场所、仅仅做了一个基础的服务功能，而关于创业者怎么提升自己、把项目打造出来所提供的服务，作为孵化器、创业空间还远远不够。

这套体系非常适合孵化器、创业空间做这件事情。我们认为它是非常适用这个的，重点分享的案例就是碳9学社，不妨百度搜一下，在中国的创业者社群中，这是非常有影响的。而且是非常有质量的社群，郑重的给大家推荐。

同时提两点建议：第一点，如果想做好一个碳9学社的社群组织，它对个人有要求，要对教育体系和相应的教育理念有深刻的应用和理解，要熟知怎么操作它，具有这个概念，如果对于教育本身理解比较少，那做创业者的社群会遇到很大的难度，因为它本身是教育类的社群组织，创业者如果不具备这种教育理念概念，操盘学习这种创业型的社群是很难的。

所以，这是第一点，如果想做社群，就要好好学习先进的教育理念，比如陪伴式学习、案例教学法、好的翻转课堂等。

我们在学习利用投资的方式做社群的玩法时，要做一定的比较，国外是如何做教育的，中国的教育方式就像这样一种学习方式，我来讲你来听，老师在课堂上讲，学生在下面听，这种教育方式有一定的作用，而且对于初学者的作用是非常明显的，但在未来，如果想培养出独立思考的人，这种方式是很难的。

我们需要不断的陪伴学习，需要翻转课堂、案例教学法、主动的输出，这种学习方式非常有效。

比如说，未来我们有机会做线下的培训班和学习班的话，我作为老师只干一件事情就行了，给大家定一个标准、规则，想学习社群的同学，自己去搜集资料，把资料进行整理、加工、然后学习输出，做成 PPT，然后进行汇报，我听你们讲，我们分成小组，每个人加入到各自的组织，然后成立学习小组之后，汇报学习成果，作为老师只是一个裁判，听就行了，有专家团和评审团，对每个小组进行打分，除老师打分之外，其他小组也可以对你们小组进行打分。

这样形成的结果，相对来说是比较公平的结果，关键是通过这种同组的、同伴式学习，不单自己掌握了学习方法，促进大量的资料，做家务整理，甚至进行了 PPT 进行输出，最关键的是在一起学习还增进了友谊，在这个过程中还学会了复盘的技巧，还对别人的看法有了深入的理解，这个的作用是非常大的，所以要把这种理念反映到学习过程中去。

当然，今天分享的内容是一些具体方法和思路，真正想学到，除实践之外，还需要一些交流甚至是面对面的切磋。

第一点，深刻理解先进的教育理念。

第二点，这样的社群玩法，耗费的时间非常长，在整个参与角色学习过程中是非常耗费的事情，而且在学习过程中要不断的和各位去碰撞交流，甚至还要拜访一些人进行实践，这个过程很耗费时间。

但每一份付出都不是凭空而来，每一份付出也都不会白白浪费，付出的时间长，自然就会和同伴的友谊加深，而且，有了学习的深度，角度也就多了。

如何操作社群。

操作社群一般需要这几个步骤。

第一，选题，目的是什么？通过内容的方式做吸引，吸引创业者到我们的群里。

第二，建群，通过内容和选题的方式吸引到一万人，此时就要建群。

第三，交作业，想进群或参加我们的课程学习需要交一份作业，就是你对社群的看法，形成一套自己的方法和特点。

第四，抢板凳，我们需要的名额只有30人，所以优中则优，此时就要通过抢板凳的方式来择出30人。

第五，分组，赛程出来后，要怎么分组，四种方式，一般都是老带新，接着是要磨课，所谓磨课，就是一起打磨这个课程。接下来是正课，通过前面的学习，碰撞、交流、输出、查资料等等，形成一个最终的结果，就是组织老师形成这样一个结果，然后每个小组要PK，比如说来到我们的空间、小会议室，六个小组大家一起PK，分享自己的学术成果，就是这样的一个正课的过程。

含义：

以学习为名聚集创业者，通过学习活动筛选优秀项目。

作用：

能在较短时间内考察创业者优缺点，兼具孵化功能。

适用：

创投类机构或个人。

案例：碳9学社

建议：

1.运营者须深谙现金教育体系；

2.该社群运营方式耗时较长。

选题	①每21天一次课程 ②主题和创业有关	内容吸引
建群	①3群1500人做流量池 ②鼓励种子成员拉人	
交作业	①交作业者选36人 ②交纳保证金确定资格	发现项目
抢板凳	①在1群内发1元红包 ②从36人中选30人	
分组	①每组6人，共分5组 ②自选队长，老带新	看创业者
磨课	①价值输出并认知社交 ②确定本组学习结果	
正课	①专家老师做分享 ②展现团队成果	压力测试
复盘	①各小组复盘量化 ②对本次学习活动复盘	
活动	①提交复盘作业并退钱 ②参与活动（狼人杀）	选定目标

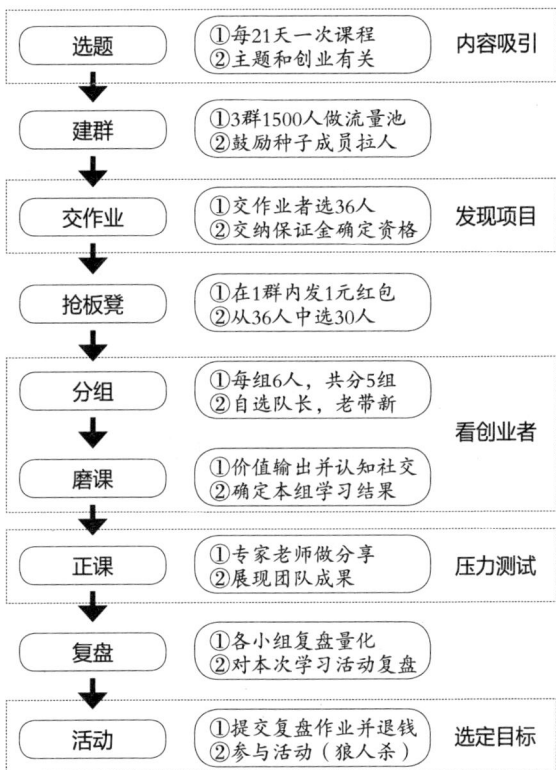

"社群八大变现模式之投资"流程图

正课完成之后，要复盘，在学习过程中学到哪些，要做复盘和总结，复盘非常重要，每个人都要学会复盘，即使我们不做工作，也要在日常生活中养成复盘的习惯，每天晚上睡觉之前想一下做了什么，哪个地方做的好，哪个地方做的不好，把它当成一种习惯，这样，对于各位的成长也会起到非常大的作用。

最后一点是做活动，学习过程完成了，要做一个活动，加深大家印象，通过线上活动的形式探究每个人的优点和缺点。

这是整个流程，很多人听完流程之后会觉得太复杂，而且跟投资有什么关系？

有个小的框架可以看一下，通过选题做什么内容吸引需要把创业代入项目的创业者到我们的圈子里，所以要引流。

第二，发现项目，缴费的时候，我们对个人的看法一二三，就充分的认识到这个人如何，要看个人的选择和项目的情况，其实就是在等项目。

第三，创业者分组的过程，磨课的过程是一个长期的流程，在这个流程中可以看到它的情况，观察他的情况适不适合做领导、做技术、做市场推广等等，通过磨课的方式呈现出来，那正课是什么？这也是探寻步伐环节，正课是一个非常激烈的过程，以压力测试的方式在激烈的过程中所呈现出来的应激反应如何，在正课时很多人在面对自己、面对别人的反对意见时表现的是无所适从、压力特别大，甚至会出现动粗的情况，第一反应做的不是很淡定，这是创业者本身的心理素质有问题。

所以这种压力测试，正课的测试最能看出这个人的水平，到了后面，基本上到活动之后，我们看到一轮轮的筛选，这个创业者适合做什么，如何把项目完成并做好，这是做了大概的判断，作为投资人会和他聊这个项目不错，到哪一轮，做之前基本上就可以投资了。

所以，经过这21天的流程，接下来可以选定一些项目，通过整个社群的运营，可以产生大量的内容输出，所以在整个过程中是多赢的。

这就是如何利用社群的方式做投资、做长的变现。

———————————— 菜根谈 ————————————

每日的复盘，其实是素人的修行。无论对当日失误的忏悔，还是对所遇见人的感恩，都是行者的日课。做不到小隐隐于深林的空灵禅坐，却可以在大隐隐于市中做一次不负时光的精彩自省。大道所致，何处不修行。恩泽所照，无时不春夏。

☁ 26. 社群商业化七个关键点

关于社群商业化的七个关键点。

社群变现这种事情并不难，只要找到适合自己的套路和方式。很多人利用社群赚钱，但是最后却没有赚到钱，主要是没有搞清楚哪种方式适合他。

道路非常多，关键是哪一条适合你，通过前面的分享，对于社群商业化的八个模式各位已经找到了自己的路径，"我适合通过哪几种方式赚钱，通过会员制赚钱，还是买货、零售、分销商、众筹的方式，还是白手起家，通过利润的方式，或是说我本人是投资人，我完全可以把社群做成创业者交流和学习的地方，然后关注每个创业者的学习情况，选择一些非常好的项目等等"。

所以，不是社群赚不到钱，而是不知道社群变现的方式有哪些？更关键的是不知道哪种方式适合你。

如何确立社群真正赚到钱，或者是在参与和转化过程中关注哪些点？我们做了七个表，有七个点，通过社群变现的能力，不管是会员制、分销方式还是众筹方式，有七个关键点，做社群能否直接赚到钱，这七个点非常重要。

第一点，标签的重合，在社群变现的三个模式中，社群的用户要足够的精准，不要认为男女老少都可以，这样对销售转化是没有作用的。所以，我们强调标签要重合，人群要精准，目的是什么？要锁定一部分人，利用标签不足以让一帮人穿在一起，标签重合叠加才能形成一个精准的选择。

什么含义呢？第一点，用户聚焦才能够形成强链接关系，比如说你是大学生，我是小学生，那我们之间的连接关系可能会比较弱，因为，有共同属性和经历的人它的标签才能更加的重合，他们的观念才能更加强，大学生之间有共同的爱好、兴趣，才有可能产生强烈的关系。用户聚焦才能够形成强链接关系，才能产生信任、共同的话题、共同的活动。

第二个含义是什么？标签的重合能够筛选出精准的社群成员，便于聚焦和转化，这是我们强调的转化来自于你的用户本身是否精准，需求是否相同。

第三点，标签筛选的方法，很多人说"我知道标签重合非常重要，用户精准也非常重要，但是，怎么来做这种标签？"分享一个标签的筛选方法，比如说男女老少，从性别上、年龄上，不同的年龄是不同的人生阶段。每个人不同的人生阶段所需要的内容、东西是不一样的，小学生和大学生所关注的东西不一样，我们在18岁和28岁的时候，所需要的东西也不一样，所以，年龄也是很重要的。

第三个标签，教育的层次；第四个，收入水平，我们发现一年收入

考量要素	含义	归谷社群表现	评级
标签重合	①用户聚焦才会形成强链接关系；②多标签重合，筛选精准群成员，便于聚焦和转化；③标签筛选法：性别＋年龄＋教育层次＋收入水平＋社会角色＋空间＋喜好。	75%女性＋基于地方＋中产以上＋养性＋灵修＋高参与感	高
产品属性	①产品宗教属性的强弱决定社群粘性；②从身心灵打造产品属性：功能性、服务性、精神性。	辟谷从康复『一养生一灵修』实现三级跳	超高
入群路径	①入口决定了群成员行为；②核心思想：吸引式；③建议路径：体验—核心用户—口碑。	体验—核心成员—口碑吸引	超高
运营机制	①运营决定结果；②思路：团队社群化＋产品经理思维＋标准运营流程。	团队社群化＋产品经理人思维＋标准运营流程	中
线下空间	①道场决定气场；②空间里的信物、讲究、说辞、故事、都是社群能量的触点，人是环境的产物，线上平台属于离散状态，线下空间才会聚合场景；③场固定，标准化，入心化。	线上微信群＋线下众筹道场＋辟谷元素	高
利他程度	①利他程度决定社群裂变程度；②社群本身是关系资源共享，通过输出带来转化，利他是情商高的表现，人人都喜欢与对自己有利的人打交道，即成交。	发起人李大伟"立言、立功、立德"的人格魅力	高
价值链	①社群三层价值链：渠道价值、平台价值和生态价值，从卖货，到一起卖货，再到融入各种品类，形成生活方式，这是一个漫长的过程，但需要有交易，交易是最好的信任表达。	颠覆辟谷传统渠道，平台价值初现，生态不足	中

社群商业化七个关键点

50万和一年收入500万的人的看法完全不一样，他们的生活需求、品质、需要的产品也会有很大的不同，收入层次决定你的生活层次，这也是非常科学的。

我们把收入层次这个标签放在一个重点，除了刚才说的不同层次学的东西不一样之外，还有就是本身具有付费能力，虽然很多人非常需要你的产品，但是他囊中羞涩，不具备付费能力，有空的付费意识，总是抓不住钱，对于经销商来讲，这个是要避讳的。

再有一个标签是什么？社会角色，比如说他是老师、律师、财务、还是业务专家和谈判专家等等，不同的社会角色所表现出来的需求明显不同，再就是空间，空间很容易理解，我们是什么地方的人？我们是什么小区的人？我们是什么民族的人等等，这种空间也决定这个人有什么属性和爱好，这是喜好问题，喜好很简单，收入层次非常多，男女老少和收入高低的人可能都喜欢某一种运动，喜欢NBA的人你会发现穷人有、富人也有，再有钱的人也喜欢篮球等等，这种喜好是非常重要的一点，而且，用喜好作为聚集用户的一个非常重要的标签，它是有很大意义的。

比如一个非常好的社群——归谷社群，是我一个好朋友的社群，他最高一个月可以做到七八百万的营收，他是做辟谷的，很多朋友尤其女孩子对辟谷非常了解，是用来修身养性的，是用来排出肠内的毒素，瘦身的一种非常好的方式。

这样一个社群，它的标签是怎么做的？他选择的75%以上都是女性，而且是基于某个地方，比如说北京的、上海的，在每个地方都会建道场，每个地方都会聚集一帮人。

第三个标签就是中层以上，就拿收入层来界定了，很穷的人不太适合做辟谷，因为第一没有时间，第二辟谷本身也是需要很多钱的，有很多费用，对收入比较低的人不太适合。

再一个是养生需求，有钱，但是身体一直不好，就来辟谷，还有就是灵修喜好的人，因为很多人喜欢那种教育和学习，这种也是可以进入到我们的宣传。

还有一种就是参与到非常强的人，以前参与的人都非常弱，有这样一个动机，但不愿意出手进入到我们的圈层里面来，或进入圈层里也不说话，非常封闭，不具备开放式的人我们也不建议进入到我们的硅谷社群里面来。

这个就是标签，这是标签重合。

第二个，要做的产品属性，做社群的时候，做的产品属性尽可能和我们宗教产品类似，其次你的属性表现要能够传播东西，这个将决定你这个社群的特性是否具备这样。再一个，我们有哪怕一瓶酒、一个手机，我们要从这个角度把内容做出来，打造咱们的社群，这样才能体现出社群的功能性和服务性的一步步的升级，这个对做社群的转化是有很大帮助的。辟谷就是这样来做的，它从原来的康复疗法到养生到灵修，实现了三级的跳跃，所以，这个的表现是非常厉害的。

所以转化率非常高，产品属性要具备宗教属性，比较适合实现这种黏性、转化，这是第二点。

第三点，入群的路径，如何做社群？做社群的环节中特别强调入群的路径，它对于新人用户的筛选会产生帮助。所以，入群强调的第一点就是入口决定群形成的行为，入口非常重要，入口本身就是一个门槛，把门槛树立好之后，把社群相关人群、不需要我们产品的人群直接挡之门外，起这样一个作用。

第二个是掌握入群路径，有一个标准和核心思想，要具备吸引式的，尽量不要用硬推和强推这种方式，而是靠吸引的方式让他们进来。

第三个是在建设路径方面，基本上采取的方式是先让用户体验服务，体验产品，之后接触核心用户，直接发布到群里、朋友圈里，这种分享式的体验带来的口碑转而由口碑带来新的成员进入到群里面，这种入群是最科学的一种方式，虽然有点慢，但一旦形成，服务非常好的话，客户成本是非常低的，由此成本带来的转化是非常高的。

归谷社群是怎么做的？它就是一个产品，先体验，不用交钱，免费去关注，然后在群里面用户体验，在道场进行体验，之后形成第一期核心成员，然后要把体验的过程分享到朋友圈，有这样一个动作，慢慢的用户就被吸引过来了，这是一个非常棒的入群路径。

第四点，运营的机制，我们认为运营决定结果，没有运营的是有问题的，然后在思想、思路上，团队本身要社群化，要有速度、有组织行为，而且单兵作战能力、协作能力很强，这就要有产品经理的思想，只有对产品非常熟悉，才有可能把这个事情做好，形成一个转化。

第三个，标准化运营流程，就是运营流程、清单、表格。

归谷社群的本身，在这块做的一般，因为团队本身，属于新的团队，然后产品经营的思路表现的非常好，但是流程比较弱，所以总体来讲属于中等水平。

下一个关键要素叫线下的空间，强调道场，这样的空间带来的社群的维护，道场是决定市场的，然后，空间里这么多的信物、讲究、说辞和故事，它本身是一个社群要做的要素，是社群能量的一个触点，人是环境的产物，线上的平台虽然很容易把人聚在一起，但仍然处于离散状态，气场是保不住的，气场一定要沉淀在线上、空间里去。

所以，线上的场景、空间才是真正的最好的场景，线上是离散、线下是聚合，所以对线下空间，场景要尽可能固定、标准化，能够让人人心，就是跑了和尚跑不了庙，再新的人到庙里感觉就不一样了，肃然起敬。这个场景就是空间，这就是线上的道场里面带来的队伍化。

归谷社群的选中，线上有微信群、道场和众筹，还有涉及到很多辟谷的元素。

第六个关键点，创始人本身一定要做好这个事情，创始人本身就决定你的社群格局如何，归谷社群本身创始人李大伟同学，他就是一个立人、立功、立德的人格魅力表现的非常通俗的人，我们发现所有做的好的人都能给别人带来帮助，做社群也是，要给别人带来帮助。

最后一个价值在里面升级，社群有三层价值链，渠道价值、平面价值和生态价值。

从卖货到融入到各种品牌形成的这种生活方式，它是不断升级的过程，而硅谷社群的表现，只是把人圈在一起进行销售转化，但是，他心态还不足。

这就是讲的关于社群商业化的七个关键点，希望能够对各位在做商业模式选择的时候带来一些帮助。

第 4 章
修炼篇

社群师可大可小，重要性从来不小

🌥 27. 社群师定义及四大价值点

关于社群师的定义以及社群师到底能够通过运营社群获得哪些价值？

有四个价值点，接下来分享关于社群师含义以及社群本身要求的两个角色和社群师能够获得的价值点。

社群师，是一个新兴职业，就像人力资源师、财会师、物流师等等，社群师对于企业来讲十分重要，尤其是互联网时代来临之后，社群师的前景是非常被看好的。

优步拓展中国的时候，每拓展一个城市，社群师、社群经理本身就是这个城市非常重要的职位。而且，像我们朋友，他们的公司是在贵州，招生、招聘的时候，社群师或群主或社群运营官的话，在他们那个偏僻的地方工资已达到4000块钱，所以现在对于社群师的要求和需求也越来越旺盛。

而我们在投资时，喜欢玩社群，对于企业做天使用户的积累和促活，引流和转化有非常大的帮助，所以一定要把社群师这样的角色研究好，同时对于各位的职业发展有很大帮助。

什么是社群师？社群师是为了实现公司的业务目标或品牌目标而从

事的社群的构建、用户的链接、日常运营以及社群类资源的整合和转化等负责这一系列事情的管理人员。

首先，社群师是为协助公司、实现公司的业务目标和运营目标，比如说把用户量、用户活跃度做起来，用户转化率提升上去，这对于社群师来讲是重点工作。

社群师是围绕用户和公司做的一系列衔接的工作，这样，对于企业的目标完成有很大的促进作用。

社群师和人力资源师包括在市场部里遇到的编辑或新媒体总监，其实都是一个类别的，而且，社群师在电商时代角色会越来越重要，比如买东西，原来在淘宝、京东上买，但是我们会发现90％的淘宝商家、商户是赚不到钱的。

因为，淘宝环境是一个冷冰冰的消费场景，里面全都是没有人情味的产品信息，所以情感的场景不存在，对于品牌打造、用户需求的把握，淘宝无法实现良好的抓取。

而社群则不然，社群是一群人经常互动、沟通、链接在一起，他们把人的情感和情绪调动起来，反映了这种需求，完全从群体的载体上释放出来，它天然具有这种灵性存在，适合做情怀、品牌的裂变，所以社群师就是承担社交时代的转型的角色，不单单做运营，而且从时代角度来看，社群师的角色是非常重要的。

社群师到底有哪些角色？两个角色，第一个是管理的角色，负责社群事务的运营和统筹，实现公司运营目标，社群师，一般是从社群的助理、小编成长为社群的管理者、运营总监。第二个是服务的角色，我们知道，虽然说对于公司老板和 CEO 是管理者的角色，但他做的事情是服务，对内是服务员工、服务团队，服务是业务流程，服务的是整个的管理系统，对外是服务客户，所以整个管理的角色本身是做服务，整个操作过程中提供服务。

社群师也是如此，对内帮助团队，通过一系列运营、沟通、互动、碰撞、合作、实现团队的成长，对外给用户提供价值，尤其是社群内独有的价值。

所以，每当我们进入一个项目或操盘一个社群时，不要忘记管理与服务，管理目的降低成本，提高运营效率，什么是管理？就是给用户创造价值，但同时要降低成本、提高效率，这是管理的本质。

做社群也是，让用户第一时间看到我们的东西，把整个团队运营好，把公司的用户目标进行低成本的对究、投成比的方式来完成，这就是管理的角色。

服务的角色是什么？就是要让团队对内统筹，一起成长、一起进步，在选择过程中实现自己的价值，对于用户来讲，就是要帮助用户实现他想要的东西。

比如进群之后和进群之前，是不一样的人生，进群之前可能是个凡夫俗子，没有任何专业技能，是个冷冰冰的机器人这样的角色。进群之后，通过社群师专业的服务，给他们提供价值的反馈，借此来实现人生的华丽巨变。

关于服务的角色，其实进入社群的用户，前后人生会发生变化，进群之后能够学习到一些东西、交到一些朋友，购买到没有见过的好的产品，这就是服务的角色。

所以，社群师要搞明白这个角色是什么样的人，实现业绩目标，社群从构建到用户链接到用户日常运营到社群资源的整合，这一系列的工作，就是社群师干的事。

上面分享了社群师的定义以及社群师需要在社群中承担的两个角色，那社群师本身能够在这样的运营过程中获得什么样的价值？有四种现实的价值点。

对于社群师来讲，从本质的工作来看的话，能获得四种价值。

第一，品种职业化。优步拓展中国市场的时候，有三个人要做，来拓展地方市场，区域市场，在拓展市场的时候，其中有一个社群经理是非常重要的一个角色，社群经理主要是把司机等团结在一起，他具有链接商户的能力和作用。

很多互联网企业都知道社群时代来了，但不知道去哪找这些人或者说有没有社群师这样一个职业存在，原来我们认为社群就是拉个群，然后群主在里面利用大家一起玩、互动，但这样一个群主，他就是比较职业化的社群的操盘手吗，其实不尽然，当然，社群师是从那个角色进化而来的，但在今天来看，社群师成为一个职业、一个岗位的时候，强调的不仅仅是简单的微信群的运营，还包括一些组织活动、产品的转化、促活等非常重要的事情。

所以互联网企业也好、传统企业也好，对于社群的互换非常大，比如说像我们所服务的这些企业，他们对于社群师的需求是非常旺盛的，而且在三四线城市这样一个岗位的薪酬达到四千以上，在北京甚至达到一万以上，但是很难找，因为没有一套专门的课程或技能来告诉他们如何从一个普通的运营人员成为一名合格的社群师。

第二，产品的适用。作为社群师，要给用户提供产品进行销售，那我们要先搞明白产品的适用情况。

第三，个人成长。我们一直在强调，运营设备是对一个人情商的极度考验，所以成立一番事业，情商始终重于智商。

第四，个人的品牌价值。现在社会是 IP、网红的时代，人的价值产生的信任无论对做生意还是公司，所带来的帮助非常大。

所以作为社群师，他的各种品牌价值在运营过程中是自然而然被赋予的，我们要利用社群师角色实现自我成长，同时要发展品牌，我们运营的很多社群，成就最多的往往是群主、社群师、社群运营总监，因为很多事情要和总监汇报，要和社群师交流，要和社群师进行一些链接。链接次数最多的肯定是社群师，链接次数多了以后社群师个人品牌就形成了，所以有了品牌、有了影响力之后，品牌资源就会慢慢的靠拢。

———————————— 菜根谈 ————————————

国民性格的改造，靠几个英雄人物"逞能"，几乎无效，开放的环境和竞争性的制度，才是恢复国民思想脊梁的根本！从微观来说同样，公司、家庭、社群，开放和公平，才会保证组织的生命活性，否则，这些组织爬出来的都是犬儒！

28. 社群师修炼之用户洞察

社群师是正在流行的一个职业，可以获得很多的价值点。如何让自己成为一名优秀的社群师。

社群师的修炼术，第一个修炼术是用户的洞察。社群师在解决或处理人和人的关系，考验的是社群师的智商和情商的综合体，尤其是情商。既然是经营人，首先要明白人的基本情况，或人本身的人性。比如做投资，看项目重点看团队、看人。同样道理，做社群也需要对人敏感、对事敏感，而对人不敏感，是不适合做社群师的。给大家提供一张图是在互联网上非常火的一张图（下页），叫利用人性的营销策略。无论做营销，还是社群运营，本质是一样的，就是在研究人的心理变化、性质特征。然后对症下药，构建营销策略，运营策略。

互联网上，人的人性到底有哪些？基本上有六个，第一个，窥视；第二个，色欲；第三个，懒惰；第四个，傲慢之心；第五个，贪婪；第六个，虚荣心，这就是人本质性的东西。

窥视什么意思？人特别喜欢窥探别人的事情，因为窥视背后反映的是害怕，害怕没有安全感，所以就喜欢去看，想去寻找。喜欢窥视其实就是为了满足内心的一种渴望，不安全感的渴望。人的窥视本身是一种天性。

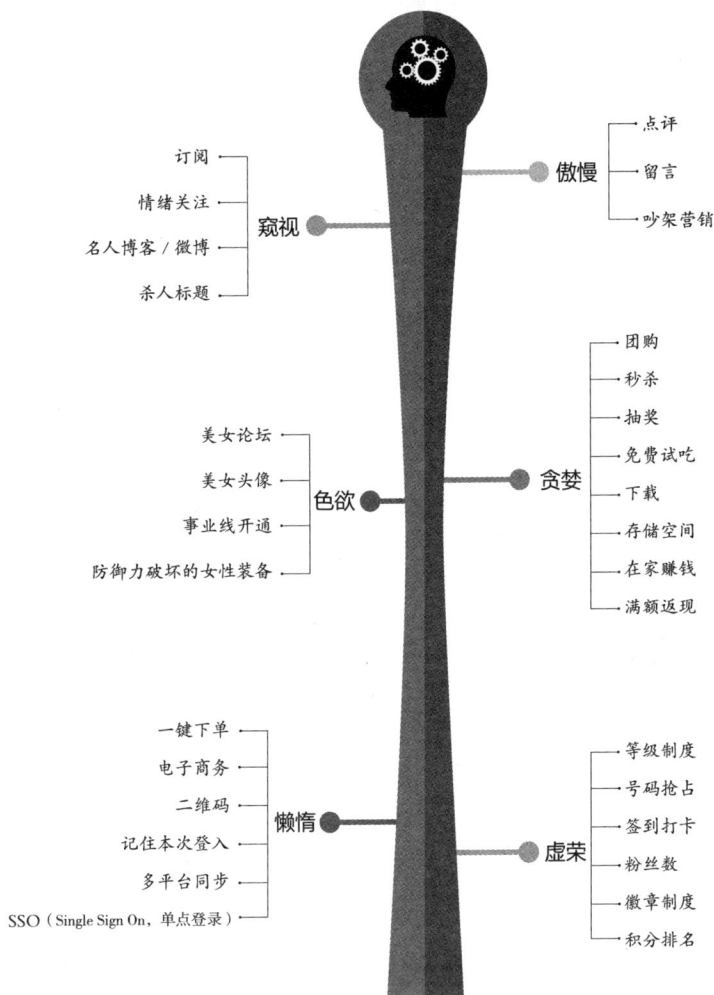

窥视
订阅
情绪关注
名人博客 / 微博
杀人标题

傲慢
点评
留言
吵架营销

色欲
美女论坛
美女头像
事业线开通
防御力破坏的女性装备

贪婪
团购
秒杀
抽奖
免费试吃
下载
存储空间
在家赚钱
满额返现

懒惰
一键下单
电子商务
二维码
记住本次登入
多平台同步
SSO（Single Sign On，单点登录）

虚荣
等级制度
号码抢占
签到打卡
粉丝数
徽章制度
积分排名

社群师修炼之用户洞察

互联网上，基于窥视采取的营销策略比如说订阅、关注名人的博客、微博，还有一些杀人不见血的标题。这本身就是一种满足人窥视的营销策略。所以在做社群的时候，一定要记住，做好每个细节。因为你的每个细节，小的隐私可能就会成为用户对你看法的一个点、一个细节。所以在执行过程中，细节决定一切，细节决定态度。

第二个，色欲，为什么运营社群的时候，美女的群非常活跃。其实就是因为人的一种生理需求导致的。我们在进入一个美女群的时候，就需要有男性角色进来，一旦有男性角色进来之后，群就变得非常活跃，这其实就是在利用人的色欲。我们为什么喜欢美的东西？这种美本身就是在刺激人的色欲。

第三个，懒惰，人本身是有惰性的，如果人没有信仰，或者没有生存压力的话，很容易堕落。因为人本来主动性就不强，这也是为什么凡是成功的人都是非常有上进心的人，上进心的人什么意思？他非常勤奋，有一种向上的力量。而这些人赚到钱成功，其实是做了一些产品满足普通人的一种懒惰的属性。比如现在有点餐的平台，人就变得非常懒惰，因为有人专门提供这种服务。人本质上都是懒惰的，喜欢简单，不喜欢浪费时间。尤其层次、水平越来越高的时候，时间性非常重要，时间是最贵的资产。

所以现在关于互联网上的产品，它的功能设计就会体现出来，比如说一键下单、电子商务。电子商务就是不用再去实体店购买东西，直接下单，别人送货上门。还比如说记住本次登录，不需要二次登录。比如微信是即使即用，不需要再重新输入密码、账号等等。这其实就是满足人的惰性。在微信群、社群里面也是这样。所以我们要让我们这些用户变得懒惰，然后把大家的黏性塑造起来，这样社群的黏性就会慢慢增加。

第四个，傲慢，人是一种自我为中心的群体，都是希望别人能够向他看齐，崇拜他，把他当成自己的领袖，当成一个重要的角色等等。傲慢在生活中普遍存在，尤其是运营社群的人，我们要充分利用所谓的傲慢，让他成为社群领袖。这些人能够不断利用他的所谓傲慢之心来获得时间的交换，还有一些投入等等，这都会实现。在互联网上典型的比如像傲慢的一些营销策略、点评、留言、吵架。吵架就是两个非常傲慢的人所带来的冲突，因为各持观点互不相让的时候就会吵架。吵架所带来的围观效应却非常明显，吵架营销在互联网营销上其实非常普遍。比如3Q大战，到处去挑唆，比如很多时候小米要挑战苹果等等，这就是吵架营销。因为它这种强势、傲慢所体现出来的东西，就想引起竞争对手的注意等等。所以这种傲慢有时候未必都是负能量，可能也是一种正能量。

第五个，贪婪，很少有人不贪。比如说我不贪，我对钱没什么感觉。但这样不贪利的人可能会贪名，总有一样会贪。即使这个人再豁达，也有一种东西是他非常需要的。比如"我既不看重钱，也不看重名，我就爱学习"。当然对知识的这种渴求也是一种贪婪，这种贪婪是发自内心的一种人性，是改变不了的。对于成就感的不断的抓取寻找，也是一种贪婪。互联网上有哪些贪婪的表现？比如团购、秒杀、团购秒杀、抽奖、免费试吃、满减满赠等等。

这本身就是在用蝇头小利来满足人的贪婪的欲望。所以在社群里面经常会给一些小的好处，发红包、提供一些小干货等等，就是不断满足人的贪婪之心，造成一种欲壑难填的感觉，然后对群产生依赖。所以我们要善于寻找贪婪的表现，抓取贪婪的细节。这样对看待一个人、认识一个人有很大帮助。因为当你知道这个人的弱点的时，比如他特别贪财，你只要给他一些小恩小惠，这个时候他就可能会被你所利用。这是一个丛林社会，遵循的是丛林法则，你强我就弱，你弱我就强。你如果不了解你的竞争对手，你的生存可能就没有了。

最后一个，虚荣心，我们很容易被别人的评价所控制，每个人都喜欢被夸奖，都希望自己成为世界的中心，然后受到各种夸赞，这就是人的虚荣心。为了满足这种虚荣心，一般在互联网怎么做？比如说等级制度，根据在社群呆的时间长短，会有不同等级。这个等级之分就是一种虚荣心的表现，为什么那么多人喜欢当老大，当老大就是一种虚荣心的表现。还有比如说粉丝数、徽章制度、积分排名，其实就是在制造一种等级差，制造虚荣心的一种满足感。

所以在互联网，在现实生活当中，人性无非这么六点。用户洞察，就是洞察人性的部分。只要是把这六个点不断记在心里，然后复盘，去观察周边的人，就会对一个人的感觉有所掌握，对用户的感觉就会更敏感一些。

29. 社群师修炼之用户服务

关于用户的服务，该怎么服务用户。

在运营过程中，用户会遇到很重要的问题。有的是评价好的，也有些评价不好的，该如何做好用户的一些关键点？

关于用户的运营其实是一个细节的过程，如何做用户服务的细节。第一点，一旦用户交流过程中出现问题，首先第一点要听，耐心的倾听客户怎么抱怨，不要与用户发生冲突，因为用户就是上帝。他只是因为我们某些点或一些小误会导致他没有实现他价值的满足，而出现了情绪化。在情绪化的过程中，最怕用理论、理性去跟他沟通。因为一个人感性的时候，就好比进入了一种非常火的状态。这种火的状态没法用凉水、用理性把它扑灭。所以一旦跟用户之间发生一些冲突，或用户觉得自己价值没满足，情绪化的时候，要先听他发泄。扮演一个倾听的角色，他的抱怨和心情不好就会慢慢减少。

第二点是要想办法平息抱怨，消除怨气。听用户讲完，让他觉得我们是在倾听，是站在他的角度考虑问题。对他的情况，我们心里感到非常愧疚，也跟他处于同理心。所以抱怨停止、消除怨气的最好方式，就是保持同理心。

第三点是要站在客户的立场上，将心比心。因为用户不会无缘无故的释放情绪，所有的不好都是因为我们没有做到位，细节不够细致，所以用户才会抱怨。如果你的服务非常完美的，用户只会带来好的评价，和一些赞赏，带来口碑的传播。所以一旦客户出现抱怨的情况，我们应该先把责任揽到自己身上，客户才会有信赖感，危机才会消除。如果处理得好，危机可能会变成机会，为什么中国人讲不打不成交，就是一样的道理。

不打不成交，就是因为通过冲突更多的认识了自己，冲突也是一种交流的方式，只是这种交流方式可能过激一点，大家所不认同，可能带来一些负面的影响等等。所以我们要正确看待对抗、抱怨。要站在用户的立场上，将心比心，反思自己的问题。

最后一点是要迅速采取行动，客户很容易被调动，很容易服软。但是做的好与坏，是否真心要看行动。所以快速的行动是什么？快速本身就是一种最好的态度。比如第一时间认错，先在态度上赢第一把，先赢态度。接下来要迅速的找到原因，客户为什么会抱怨，我们哪一点做的不对，您可以指出来，我们团队马上解决您的问题。

这个其实就两点，第一是先有认错的态度，先道歉。这一点要跟客户沟通互动，到底是为什么。只有把真实原因找出来，才可能让用户信服。所以在跟用户交流发现原因的时候，其实也是在寻找原因。我们要找出真正的原因，这也是停止抱怨、解决怨恨最重要的一环。如果是客观原因，我们要安抚用户，每个人确实压力很大，出现这样的情绪也很正常。

这样即使客户犯了错，通过这种方式安抚他，他会觉得你是一个非常信赖的人，大家就会成为朋友。如果确实是我们的问题，我们就要按照公司制度、社群制度，对犯错的人进行惩罚，而且一定要快。因为处理这种抱怨、公关危机，其实赢在一个快字。第二赢在一个真字，一定要查明真实原因，动机是什么，背后什么导致的。第三个要找到关键的责任人，责任人如果找不到，对处理这种危机、抱怨其实是无助、无效的。我们会把结果明示出来，展示给客户。并不断汇报最后的结果，希望客户能够谅解。按照规则，事先约定好的事项，一步步落实。才能真正的彻底地帮到客户。

同时，每出现一个抱怨，要不断复盘，现在这个情况到底什么原因导致的，以后遇到该怎么办。因为每一次的抱怨对我们服务的提升是一次极大的机会。这就是用户服务的一个关于危机公关处理的过程。

―――――――――――――― 菜根谈 ――――――――――――――

屌丝群，需要玩量。精英群，需要玩质。前者通过造势形成围观效应，后者通过分利坐定大好河山。小时聚众，大时结盟。时段策略，一切为赢。

☁ 30. 社群师修炼之用户工具

很多人认为微信群就等于社群。其实微信群只是社群的一个载体，用户的载体。真正运营好社群，还需要很多工具。现在的运营社群跟原来运营社群有着极大的不同，原来那个没有互联网的时代，运营一个社群，成本非常高，尤其是时间成本。比如一个组织，一个宗教沉淀下来需要很多年，甚至上千年的历史。比如佛教、基督教，沉淀下来都是几千年的历史了。因为那个时候没有所谓的互联网的工具，没有用户统一的工具。只有一本书、一个空间，就可以把人放在一起。所以其实社群运营是不依赖工具的，只要把社群主旨、价值观、核心人物，打造好这个体系，不管什么平台，用什么工具，都能存活得非常好。

在移动互联网时代，有这么多好的移动互联网的工具，就一定可以把社群运营好吗？其实不然。只有把这些人放在一起，形成核心价值观之后，再利用互联网工具，才有可能把社群应用好。这是本末倒置的情况，本是什么？本是社群的共同价值观，末是术和器，比如工具、群载体等等，包括互联网用户的运营工具，都是器的一种方法。所以运营社群还是要抓住本质，打造共同价值观，形成一个群体的强链接。之后，利用社群工具，提高运营效率。现在的移动互联网时代，打造一个社群比远古时代做一个宗教，组织要快得多，容易得多。原因就在于有了移动互联网工具，大大的降低了运营用户的时间。然后可以提供最快的服务，在最短的时间里链接更多的人，把信息和价值在最快的时间传递给更多群成员。这就是移动互联网带来的红利，这些用户工具也在起这样的作用。但社群本身的关键运营在于价值观的运营，这个价值观的运营从时间上是减少不了的，只有在经过时间慢慢的发酵和沉淀，才能彻底的稳固下来。

关于运营社群，有六个工具，第一个是麦客。它其实是做社群成员的信息统计。建群之后，大概有2000或1000人。这1000人的资料本身就是一种数据。要把这些个人信息统计在一起。比如在群里发一个小帖子，让大家统计，用麦客做成通讯录的一个模板之后，投放到群里面，让每个人去填。这样利用工具带来这种信息的收集，速度是很快的。

数据统计好之后，就可以看到这些人的情况，这些人和哪些人会产生链接关系，从资料里面就能看到。所以用麦客工具统计社群成员信息的时候，一般会统计几个要素，比如说姓名、手机号码、家庭住址、来自哪里、职业等等。还包括最关键的两个元素是这个人能够提供的服务有哪些。第二个是需要的资源，需求是什么。把这两个点匹配好之后，再跟群成员进行对比，就会发现一个人和另一个人之间就产生了业务上的往来，这就是所谓的资源整合。

所以这是麦客工具给我们带来的启发，它的最主要作用就是统计社群成员的信息并进行匹配。第二是问卷。社群经常会做一些活动，发布一些需求，问卷就可以起到一个非常好的作用。比如做一个服装定制的项目，要去调查用户对服装定制的看法，对服务有什么要求，对产品的定价范围，以及选择这个服装定制的原因。通过问卷网大概列十几个问题，然后进行传播，发到社群、朋友圈，甚至公众号上。要通过问卷网提供的这种统计后台，可以提供一些决策的帮助。这种问卷调查要多做，因为只有这样，才会发现用户需求，看他对我们的评价是不是到位等等。这个工具用好的话，对我们的运营社群、找准用户需求有非常大的帮助。

第三个是互动吧。互动吧可能并不陌生，工具本身也是非常好的，社群做线下活动时，可能就是发个通知，确认一句话或几段话。这种方式其实并不高效，但互动吧就可以有这样的功能，它有几千万的用户量，有很多模板，还可以提供付费收费等等这种功能。所以在做社群活动参与的时候，互动吧的使用频次是非常高的。在六个工具当中，互动吧是使用频次最高的一个。所以我们只要下载这样一个工具就可以了，或者关注他们的公众号，就可以发起一个活动。里面可以填充标题、提供报名、提供付费等等。这个对于社群来讲是有很大帮助的。

第四个是MAKA。它是一个非常好用的H5制作工具。经常做一些传播，甚至祝福，比如逢年过节，品牌想做一次传播，就把信息内容做成这样的H5，然后发布到群里。甚至老师做个简介，在运营社群的时候，把老师进行包装。这个MAKA本身包括很多，它可以作为H5非常好的工具，起到非常好的作用。是社群品牌传播非常重要的一个协助工具。

第五个工具叫有赞商城。很多在运营社群过程中，我们的业务就是卖具体的商品，这个商品的话，要有一个载体。基于目前微信群的这样一个载体，它里面是不允许出现淘宝链接的，有链接也点不进去，本身它们是一种竞争对手的关系，所以不允许在里面打开链接。有赞是可以的，包括微店也是可以实现这个的，所以我们完全可以利用有赞这样一个功能来实现社群商品的展示。然后把店铺的链接放在微信群里边，可能会产生成交，这是我们对有赞的印象。

最后一个，是思维导图。思维导图是非常好玩的，它对一个人的逻辑、结构化思维的提高是非常大的帮助。因为我们大量的事情，包括运营社群，都能够通过思维导图的方式表现出来，而且很清晰，也可以提高工作效率。最好的一个做思维导图的工具叫做H。比如说百度导图，它完全可以实现好多做思维的一个东西。而且前面讲的流程，也是通过思维导图设计出来的。所以在运营社群的时候，思维导图可以帮助我们清晰社群的一些活动环节、一些情况、价值观、组织架构等等。所以这个工具是非常有帮助的，特别对做具体运营，思维导图是一个非常好的工具。

———————— 菜根谈 ————————

一个段子：男人喜欢漂亮脸蛋，女人喜欢甜言蜜语，所以女人化妆，男人撒谎，以供相互欣赏。

31. 社群师修炼之内容采编

关于社群师修炼的另外一个重要技能叫内容采编。内容是非常重要的风口，在任何时代，对于商家来讲，侧重都非常大。尤其对传统企业，内容如果做不好，是没办法升级的，所以内容在社群里面起了非常重要的作用。我们提出一个观点就是很多时候玩社群的和玩自媒体的，无法产生统一，社群玩的好，但新媒体做的一般，还有的人恰好相反。

两者没法统一的原因是很多人没有在内容和用户群之间找到一种关系，让他们直接产生一种共振效应。如何在社群和新媒体之间架起一座桥梁，直接发生联系。能把社群玩好，同时又能做到非常优质的内容，或者说做内容的人也通过这种方式，把社群的东西融进去。对于社群师来讲，可以通过一种机制把内容弥补上。所以要打破这种悖论，社群和自媒体两者难以兼得，把这个怪圈打破。怎么打破？有四个步骤，第一个，发起话题；第二个，众创规则；第三个，编辑整理；最后一个，全面传播。

第一个，通过一个话语的发起，让很多人参与进来。第二是通过众创的规则，让每个人都能保证提供高质量的内容。第三是由社群运营小编把内容编辑整理加工。最后就是发布到公众号、头条、自媒体上，然后实现全员的转发和分享。这种带来的效应就是一次社群和自媒体的兼得，就是可以把这个怪圈打破掉。

第一个，先发起话题，这点很重要。很多人认为做社群的做不了内容。这种意识首先要破除掉，做社群，同样可以把内容做好，打破原来那种认知的偏见，走出认知误区。第一步，要发起话题，发起话题的话是有意识的在群里面聊一个话题。比如每天都在互联网看到的热点事件，如果这个热点事件正好跟咱们社群的人相关，或者价值观有一些链接点，就可以把这个热点话题投放到社群里。

比如陈思成出轨，这样一个事情对于很多女性社群是非常劲爆的话题。社群师应该抓到这种热点，然后进行剖析，形成一个小标题，投到群里面。然后进行讨论，这就是话题发掘的一个过程。

第二要建立一个众创规则。众创规则就是在群里面形成一套机制，每次发出一个话题的时候，需要有10%或5%的人参与。愿意参与话题的人要报名，然后抛出一个话题，大家一起来讨论。这就是众创规则，而且很容易落地。

为了保证规则有效执行，我们一般会回一个或两个红包，报了名不参与的，要给大家发红包，这就是我们的规则。为了保证规则有效执行，或者让大家看到，应该会先@一遍，然后同时发一个红包。凡是看到规则，抢到红包的人，请打"1"，这样就可以保证更多的人看到我们这样一个发起的话题，参与进来。这就是社群的众创规则。这一点是非常重要的，因为话题如果没有发挥规则让大家一起参与的话，是不可能产生好的内容。

第三步叫编辑整理。微信有很多有意思的隐藏功能我们不知道。比如通过众创已经产生大量内容，在群里边刷屏了。怎么去整理？一般不做语音讨论，因为语音转化成图文，成本非常高。所以一般长按这段话，然后会显示一个折叠，直接把这句话前面那个原点部分对勾全部打上，然后整理收藏。这个可以把内容全部整理出来，或者还有一种方式，把每个人的话复制粘贴，再进行归纳整理。

在编辑整理的时候，可以按照题目，比如三个问题按照题目来分类，也可以按照观点来分类，一般按照题目分，编辑整理其实就是把内容收起来进行加工，加工一般按照问题的顺序来做，或加一些颜色进行区分，这样就很完整。其实内容讨论出来是非常有质量的众创的东西。把内容整理出来之后，发在我们的公众号上，用户想转发、阅读。这个时候其实就等于把一篇文章，通过社群整理的众创的干货整理出来了，形成了一篇非常有质量，大家都在看的一个多角度的干货。

但是里面还要配一些图，如果整理出来之后，同时加入互联网的应用工具，并呈现出来就无敌了。或者发一个话题之前，先做调查，利用互联网问问题，做一个统计，然后结合工具，再结合在群里面讨论，所形成的干货可以说非常有质量、立体化。因为有数据、有互动，还有 H5 做出来的一个图，这样一个图文并茂的立体化的干货知识。而且这样的干货在生活中非常稀缺，只有在社群才可能会出现。所以对于做内容做自媒体来讲，是一个非常好的方法。

　　最后一点是全员传播。因为内容是在群里面呈现出来的，里面涉及了很多人的观点，参与的人越多，文章的质量就会越高。

　　因为每个都会说出自己的观点，每个人代表一种角度，角度多了，才可能把事情前前后后总结完整。前面整理完之后，就要开始传播。因为上面有我的观点，所以我为了让别人看到它，这其实就是用户的虚荣心所在。我的名字和观点出现在媒体上，心里边特别荣耀，很满足，为了显示我的参与感，我就会转发分享。所以传播是一种自然传播，自发传播。为什么有时候做一个公众号文章之后，发到群里边，结果没人看，没有人点击，因为你发的东西跟他没有关系，跟社群里面的用户没有关系。一旦你发的文章是通过众创而来的，文章里面有他的观点他的名字的话，他被重视了之后，虚荣心被满足了之后，这种链接关系就建立起来了，他就自发去传播这样一个内容。

参与公社是我们原来做的一个参与的社群，就是通过这样的一种方式。做了几期之后，这个群在整个朋友圈就火了，而且每篇文章的阅读量达到上万，这本身就是社群的内容采编来做出来的效果。

———————————— 菜根谈 ————————————

家庭是一个社群，公司也是一个社群，你多给家里赚点钱，并在家里多呆点时间，家庭就会和谐很多，而公司也一样，你给公司多带来一些订单，还经常加班，公司就不会太差。

☁ 32. 社群师修炼之深度转化

关于社群师的修炼，非常重要的一环就是深度转化，运营再好如果产生不了销量、带来不了利益，都是无用的，所以转化率企业老板和很多负责人都在关注。

怎么做转化？

第一，理论框架，理论框架就是要形成爆款，社群里要产生质量不能低于淘宝，而且在其他地方买不到的东西，这就是社群里爆款的属性，是设计风格等非常惊爆的、有内容的、同时满足商业需求的。不能卖一些看起来非常稀奇古怪、用不上、可买可不买的东西。第二，找到关键客户，一个产品的专家又是这方面的买手，对于你的产品推广有极大帮助，因为很多人吸引的就是，这个东西卖起来肯定没问题。第三个是要试用和传播，在试用或传播过程中没有做好的话，也会影响整个转化。第四个就是试用传播已经实现了这样一个，很多都是渠道商，想购买的东西，或者采购这些东西，进货都是可以的。因为人在试用过程中发现这个东西确实好，我也正好需要它，而且性价比非常高，比从淘宝店好很多了。第六点就是要帮助用户帮助渠道商构建渠道群，让渠道商采取爆款的方式形成购买。凡是给产品解决痛点的，形成一个渠道商的用户群。

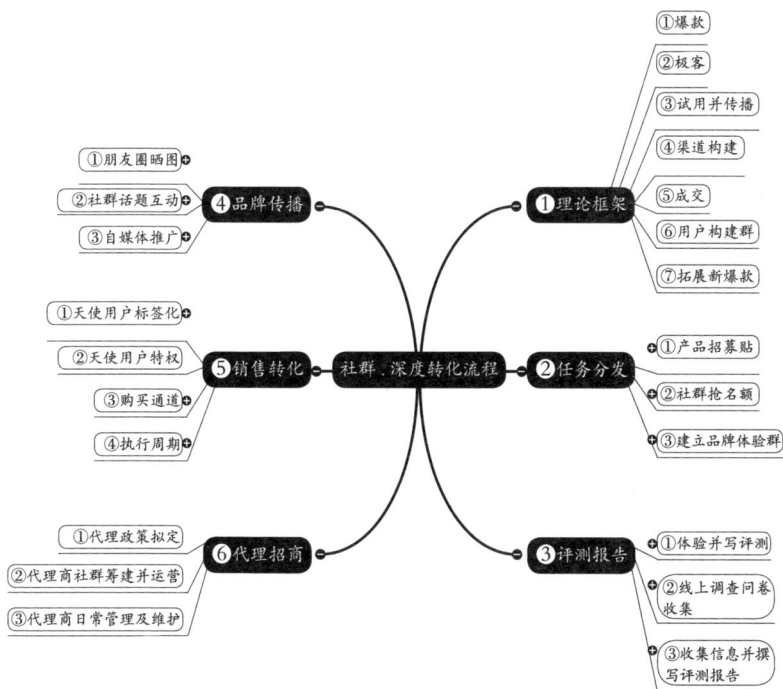

社群师修炼之深度转化

最后一点是要拓展产品线，不断打造爆款，因为光是一个爆款，在群里面时间也不够，再好的产品时间长了，对产品的感觉也会慢慢消失。所以爆款要一步步开发，这是整体的框架，从爆款打造到极客寻找，再到用户的试用和传播。第四点是渠道的构建；第五点是成交产品。帮助渠道商构建用户群，按照这样一个理论的逻辑框架。

第二个从任务分发开始做深度转化，产品出来，怎么让人参与，怎么让用户看到我们产品的试用，一般采用这么几个步骤；第一，做产品的招募，做一个社群的抢名额的，因为很多时候产品试用机会没有那么多，只有100份或50份，只有10%的人才有机会免费试用我们的产品，所以要从1000人里选出100人，怎么选？一般在群里面做一个抢名额的活动。凡是抢到产品的拉个小群，作为品牌的体验群，然后让这些参与者体验产品并写出报告，同时要填写问卷调查报告。要围绕产品做一套产品的试用情况。利用对产品的了解情况以及各个用户的痛点，问卷要同步在品牌前投放，所以抢到名额，试用产品是需要一定付出的。另一个，品牌传播，凡收到我们产品进行测试的一些用户，我们会要求他们体验完之后把频率感受和产品图片发到朋友圈，这两个是非常重要的。

只要一晒图，每个用户可能本身通讯录大概有几百人，甚至几千人，我们有四五千人的用户量，只要一发朋友圈，就有四五千人看到我们朋友圈的可能，所以朋友圈晒图会带来转化。第二点做一次社群的互动，围绕我们产品解决的痛点，设计一套课程做一次社群的互动话题。这就是社群活动，也可以做线下的讨论会。社群互动就是围绕产品本身展开的，如果是线下可以按照预热流程走。线下活动同样按照活动流程模块走。

第三点，自媒体的推广，产品出来了，测评的广告，用户的问卷调查就出来了，用户的体验朋友圈等等截图都出来了，这么多素材组合在一起，用户使用的产品的口碑，这个口碑是一个非常难得的数据。把这个数据放到公众号上、头条号上、百度上、所有的自媒体上，此时带来的转播又是一个新的传播。所以品牌传播做深度转化有三个最重要的点，假设从1000人里面选出100人参与，100个用户有1000人的通讯录，就有10万人可以看到我们的品牌。我们在朋友圈或社群里或微信群组织沙龙，又带来新的互动，这个裂变是不得了的。第三轮传播是什么？自媒体的资源，没有公众号去投放也可以实现，这是三轮品牌传播，而且是我们让用户参与进来的，所带来的品牌转播量是非常大的。

第五点，销售转化，首先卖东西怎么转化，一般是用户获得特权，凡是第一批用户，都会给一个特价，比如说打8折，凡是购买超过1000或10000的有什么优惠。第二点，提供购买通道，这一点就是我们要把执行周期处理好，通过以前在群里面做的互动，会产生一些成交，不管是社群还是现在的活动本身是什么，就是一个会销的转化过程。在自媒体上推广的时候，如果下面直接放入一个购买链接，也会带来直接转化，在朋友圈晒图，这个产品这么好，从哪里买，用户本身会把口碑带来的转化转介绍也会导入，所以品牌传播第三点的品牌释放就是再做一种转化。只是要给不同用户不一样的购买链接，这是第五步，这样下来基本可以售卖了，有时候直接发广告链接会很反感，因为大家没有参与，所以卖东西就是没有意义的。假设通过内容、品牌传播、参与、试用的方式去购买东西，做了传播又带来了曝光，同时还带来一些深入的体验。

最后一步是招商，卖东西不仅仅是2C（To Customer，对用户的产品），还有2B，吸引有关系的渠道商，这点是非常重要的，第一步我们要针对代理商做一个政策，比如拿多少货才能给什么样的支持，才能给什么样的培训服务等等，运营商的运营支持。第二步要建立代理商群，运营代理商群可以参考微商、分销的方式，同时提供培训、服务指导，在销售中遇到的问题可以在电商群举办一次全国性团购活动，这是代理商群。第三步，把代理商进行日常运营和维护，执行到位，这一点确实非常重要的，这是社群转化的流程，我们要有一个从爆款到试用到传播以及成交和新款拓展的理论框槛，实现一个总的框架，评测报告的填写以及品牌的三次传播，还有代理商的招商，这样深度转化就会非常有效果。

菜根谈

一个对外界不敏感的人，可能是感知老化的表现，一个对外界敏感但不为所动的人，可能是心智成熟的表现，一个随时对外界过分敏感的人，则肯定是幼稚的表现。

☁ 33. 社群师修炼之产品经理

修炼自己，首先要成为一名非常合格的产品经理，如何掌握产品经理的思维？

做社群师在社群运营中可以带来一些帮助，第一是产品能力。首先要具备掌握工具的能力，因为在做产品的时候，如果不具备工具的能力，是没有办法把产品打造出来的。第二是要有产品的感觉，产品感觉两个要求，一个是要架构师思维，规划从头到尾的逻辑能力，从内到外形成一个贯通，把产品的框架做出来。还有一个就是设计能力，把一个框架做出来但是产品不能做得很性感，不能让用户用起来非常舒服、顺畅的话，是失败的。商业的感觉其实是非常重要的，因为做产品，不单是用户用产品，而是用户看到有购买的欲望，这样才会给产品带来价值。

第二是管理的能力，如果自己实现一个好的成长，给别人带来价值，自己的思维能量，这种能量怎么来的，就是通过管理实现了能力的提升，包括几种，第一种是自我管理能力，其实就是重点自我对话，因为管别人比较容易，按照规则制度都可以管理别人，但管理自己其实很困难。因为首先要认识自己才能有一个正确的管理，而自我认识是哲学的问题，做管理时要学会抗压。

现在的社会节奏非常快、压力非常大，给我们带来的情绪也非常多，如何在竞争压力非常大的时代实现平衡，就是自我管理能力，还有就是时间管理的能力，时间管理很重要，因为最贵的资产就是时间，所以每时每刻都要做具有生产能力的事情，都要创造价值，都要可以带来回报，这是对时间的重视。

第三是知识管理能力，知识管理能力考验一个人的学习力，现在社会比拼的不再是所谓的执行力，知识的提升是更为关键的，现在是一个知识非常富裕的时代，如果说不能从知识中获取有用的，然后把知识加工成一个思维、系统帮助到自己解决实际问题的话，迟早会失败，所以知识管理能力非常重要。

关于知识感觉能力其实也不难，知识的管理有一个规律，首先要学会搜集知识与信息。一般通过网络搜索，别人问询和自己实践把知识统一形成一个资料库，然后把知识进行加工整理，很多假信息、无用信息、过时信息，要及时清理掉。把这个信息形成模块就是产品的知识块，把这些知识块串联起来，按照逻辑，进行统一整理就形成系统。第三步建造模型，让知识模块形成一个小系统帮助我们做决策，已经越来越重要，因为我们识别化信息，导致大部分信息不知道怎么判断，到底是真是假，不知道怎么做感觉。这也是为什么很多人买大量的书，收藏大量文章却从来没看过，没有反思过，真正的学习应该是什么？应该是不断输出、不断思考的不断内化的过程。

学习主旨是输出带动消化吸收，这种方式是学习的能力，当然还有其他学习方式，通过实践、复盘，比如说现在工作，上班后发现学习的能力跟原来上学时有差距，因为上学学习是我们主要工作，工作之后学习放得少了。就是把好的学习习惯摒弃掉了，建议早上起来多看新闻形成一个信息的获取，晚上睡觉之前做一个复盘，今天干了哪些事情学到什么东西，然后统一整理加工、进行反思。把这些复盘的事情形成一个习惯，那么不仅是学习社群，学任何知识都不会超过三年就会成为一个专家。

现在互联网时代非常发达，成为专家的可能性越来越小，社群本身是人和人的对话、较量。一旦知识含量提不上去、用户比你懂得多的时候，此时就有一种生存的危机感，所以知识管理这种学习能力的提升对个人来说是非常重要的，每个人都要成为学习达人，都要成长进步，这样我们这一生才会过得有质量，才不会碌碌无为。

第四个是产品的管理能力，作为企业的操盘手，很多服务型产品，要对这些产品进行归类，明白哪个产品可以解决什么样的实际问题，产品的优点卖点区别要熟悉，提高自己的专业水平，产品的能力其实反映的就是你是否敬业，对自己的公司熟不熟。最后一个是团队的管理能力，团队的管理能力有两点，作为中间层能不能上通下达，作为基层具不具备快速的执行能力，能不能把事情按质按量的，这就是执行力，所以团队的执行能力就是要有执行力，关于社群修炼要按照产品经理人的思维要求自己。

34. 社群师修炼之群规制作

关于社群师修炼，拟定群规，也就是社群的规则。

社会的竞争是不同维度的竞争，如果是硬碰硬同维度的竞争，很多人都没有胜算，而且是联合博弈的关系，什么意思？就是要不就是我多你少，要不就是我多你少。这种竞争永远不会看好，而互联网竞争是不同维度的竞争，其实就是规则的竞争。

规则本身对于社群来说是十分重要的，怎么建群规？社群的规则是社群的价值观的一部分。就像交易一样是非常重要的，而且是很复杂的体系，因为我们在运营社群的话，我们的群需要慢慢的迭代。要先把群规设定好，这是非常有必要的。

我们玩一个小群、小圈子的话，可以把圈子玩的有质量一点，比如在第一条发了微信群会说，然后进入我们群的人都是关注我们的话题，比如说进群的妈妈们，都是关注自身成长的有质量的、高觉悟的妈妈，这是第一个。

第二个，不加陌生人进群，因为群是封闭的，不可能马上进来，所以凡是邀请进来的人要好好的守规律，不允许拉人，如果想拉人，可以和群主进行汇报、申请，这是圈子本身的门槛。要有资格进群。

第三个，爱护群环境，不能随便贴"牛皮癣"，因为每个人都很自私，都想通过别人得到想要的东西，表现在社群当中是什么样子？本身是一个卖货商家，进群之后就喜欢发广告，喜欢发链接，喜欢把一切广告的图片发到群里面，进行刷屏，这就是"牛皮癣"，所以这种事情是绝对不允许的，这就好比大街上不允许兜售商品一样，因为这是公共场合，群环境是每个人的，不是单独某一个人的，要爱护群环境，不能贴"牛皮癣"，发广告图、发链接和刷屏，这是为保证社群的公共秩序。

第四个，以群成员为傲，群成员活动时随时发个朋友圈，这讲的社群的价值观，我们应该成为群一代人，应该为自己在这个群里面感觉到骄傲和自豪，我们都应该觉得我就是群里面的人，代表了我的形象、存在感，如果一个人不被标签是非常孤独的，是不被认可的。所以我们的群成员要以群为骄傲，群活动随时要去协助发朋友圈、刷存在感。

第五个，进群之后，修改昵称，这是经常存在的，群里很容易贴标签，进群之后都会改一下群昵称，有一些格式，比如说进群以后要实名制，或者把昵称加城市或公司的名字，或者你是什么职位、什么时候生日、什么星座，尤其像女孩子或是妈妈社群的话，应该会加入宝宝的生日，其实有这样的生日是非常好玩的，我原来做了一个生日群，天天有人过生日，群里面几百人，几乎每天都有人过生日，每天自带互动、活跃的属性，这就是生日带来的好处，每天都有人过生日，发红包庆祝一下，每天换一个人，这样一个修改昵称就可以提高社群的活跃度。

第六个，群里要约法三章，什么事不允许出现，比如说群未经允许的事，求助、慈善、国事等等伪科学、阴谋论、传销等等，二维码图片诅咒是不允许实现的，这是来规定好社群本身的事情。

第七个，群组织以组织分享为主，实现资源对接和合作共赢，所以在组织进行交流时，其他人要不断参与，对于我们里面讲的这些东西，包括互联网的运营、电子商务、投资、融资、怎么做商业模式，做产品、做营销等等，这是社群主要的分享话题，做一个普及与介绍。

第九点，对真的犯规的人采取措施，比如说有些人确实踩了我们的红线，在里面发广告，在不允许的情况下私自拉人，此时怎么办？有一个处罚措施，比如说违规一次给警告、二次踢出，然后欢迎其他群成员随时举报在群里不合规的成员，甚至有时候为了防止做微商的朋友私自加好友，建立举报机制，就是凡群里面同时加十个人的时候，这个人可能是微商，可能进群之后要加好友和卖货的，此时我们欢迎被骚扰的社群用户给我们提出来截图，凡这种大量加好友的人踢掉，一次警告、二次踢出，同时把这个事情截图发到群里面去，然后点名，以儆效尤。

第十点，比如说一些朋友，和群发生链接关系，付费都没有关系，此时做出第十点，凡需要我们群帮助的，包括转发、求散、关注、招聘等这些有效信息，只要经过群管理成员许可，或是十块钱红包发给十个人我们是允许的，所以，想利用社群，就要有这种付出，这样才能有交往、有来回。才能形成一种交互、产生能量的交换，这是合理的。

所以，有人说，发广告的令人讨厌，是因为他没有给群带来帮助，没有给群带来资产，只是枉自摄取，这样的人是不合群、只会摄取、非常自私、不考虑别人感受的人，这样的人在社群里面是不允许出现的。

第十一个，告诉社群里的人，每周都有主题分享，在群里做一些交流互动，欢迎群用户的朋友提供嘉宾，也可以举荐嘉宾，在群里做一些分享，当然也鼓励有一技之长的朋友在群里面不断做分享，群会有一些回报给他，比如说分享完之后，打赏给他等等，其实有很多这样的案例，一些朋友在群里面做一些分享之后非常好，群成员的收获也非常大，此时此刻，大家为了回报他，可能会发一个红包，通过这种方式也赚了不少钱，这就是通过分享的方式实现自我价值。

最后一条是什么？群里面经常搞一些聚会活动和线上活动，不定期组织大咖的分享会和交流会和见面会和party等，鼓励我们群成员活跃参加。

基本上社群的群规就这12条，如果有一些条件方法不需要的可以去掉，在这个基础上进行加减。

———— 菜根谈 ————

别把一个人的性格和态度混为一谈，TA的性格来源于TA是谁，而TA的态度取决于你是谁。

☁ 35. 社群师修炼之团队管理

关于社群师修炼之团队管理。

管理团队需要做两件事情，沟通和执行力。

社群里来说，真正做团队管理需要哪些步骤？只要按照四个步骤，一样可以实现团队管理能力的提升，而且最好的管理方式是自我管理，围绕一个目标，把自己的事情做好，这是最好的管理。

世界上的宗教没有什么管理制度，大家都相安无事，都是做同一件事情，都是为一个目标一起奋斗、一起祈祷、一起做非常有意思的事情。整个组织机构非常整齐，管理制度没有那么复杂，靠信仰实现不管而管，这是最好的管理方式，不需要制度，纯粹靠文化和价值观吸引。

同样道理，比如某个人的身体，细胞与细胞之间并无规则，本身也没有任何管理之分，所以细胞之间纯粹靠感觉和 DNA 本身实现了自我管理，只要把自己的事情做好，同时服务于细胞的协调，就可以实现统一身体的自动运行，这就是管理的最好的方式，就是不用管理。

在社群当中，怎么做分类管理的方式？肯定不会像传统公司一样，比如说成立一家公司，要成立公司体系，打造出公司的一套管理方法和流程和制度，甚至把执行力提升、提上日程，建立一套奖惩制度，有奖、有罚等等。

所以整个公司按照这个方式运作的话，成本是很高的，管理成本和运营成本是一个和固定资产一样的隐性成本，为提高我们的效率，提高我们的管理水平，降低团队管理本身带来的成本，最好的管理方式就是不需要管理，大家是协调一致的。

社群本身不是公司，没有契约制度和群规和价值观，所以，不指望做出一个管理规定让大家协调，但我们希望在松散的制度里面，也能够有一套玩法、规则，通过大家的协调，实现目标的完成。

如何在群里面做团体管理？有四个步骤。

第一个，共同价值观。这个相当重要，社群本身是价值观的导向来驱动的，如果本身不是相同的价值观，是没有办法产生影响的，所以进群之后先统一思想，如果思想不统一的，能力太强坚决踢掉。就比如，我们进到一个宗教组织和政党组织，首先要对党组织和宗教组织的教义产生强烈认同，如果不认同的话就不是我们组织的，所以看一个人是否属于组织，就要看对组织的教义和规定是否认同。如果认同，即使没有进入到组织里面，那也是组织里的人，因为组织本身就是靠价值观统一化和协调化来定义是不是组织的人，所以共同的价值观是做团队管理的第一点，先统一思想、再统一行动，每个人的思想高度一致，只有在这种情况下才能实现管理效率的提升，因为大家思想一致的，思想是相通的，就会实现无缝配合。

第二个，共同的目标。很多时候协调和执行的问题是目标不明确导致的，目标不接地气、目标不可行，导致出现问题，所以做社群里面团队管理的，要有共同的目标，而且每个人要对执行的结果对目标负责，结果是符合的或结果大于目标的，这个管理、执行才真的有效，才是完整的完成任务，所以共同在这非常关键，每个人都应该很清楚我们社群的目标，社群未来要走向哪一步，社群的阶段性目标等等，只有大家统一目标，才能统一行动，所以共同目标对我们的行动是有极大帮助的。

第三个，团队分工，人无完人，每个人都有长处和短处，这是正常存在的，我们在对一个人能力评价的时候，要多看别人的长处，当你多看别人短处的时候，这个人是无用之才。那你就失去了一个朋友，一个帮手，所以要多看别人的长处，这个世界全是有用的人才，埋了大量的金子，身边的人都是能工巧匠，都是一些高手。

所以团队的分工首先要对人才本身做一个定义，每个人都是人才，只是没有把非常好的一面拿出来奉献而已，这也是有的人为什么有很大能力，却赚不到钱，而总是无法实现价值，完不成目标的原因在于他对自己的认识不够，对我们的管理人员、社群师来讲，要发现团队每个人的优点，然后把这些人的优点结合，按照我们的流程和分工，此时对于实现友好的执行是非常有帮助的。

第四点，有共同的成长，降低管理成本最好的方式是每个人都很牛，每个人都要成长，在管理的同时实现每个人的成长，这个意义是非凡的，要学会通过成长成就别人、成就自己，通过帮助别人实现自我成长，这本身就是一个有价值的事情。

　　所以在社群里做团队管理的话，不单单是为降低管理的成本，提高管理完成率，更多是为了让每个人的碰撞、交流、协调一致实现共同的成长，这点是非常重要的。

　　所以总结来看，社群师，在做一个社群的过程中我们的团队管理其实就是四个步骤。

────────── 菜根谈 ──────────

　　线上是离散的，所以适合链接、分发、传播；线下是聚合的，所以适合留存、促活、转化。散是满天星，聚是一团火。星星在天上，火焰在地上。星星给你了光明，火焰却给了你温暖。线上社交趋于疲惫，线下小社交生逢其时。

☁ 36. 社群师修炼之新群主

关于社群师的修炼之重要的一个环节就是怎么孵化新群主，作为社群师，在扩大的过程中，为了扩大裂变，比如说要实现从北京、上海、广州、深圳到二线城市的扩张，我们强调，事情本身的扩张或裂变速度，有时候需要发展多个优秀的群主或是地方合伙人，或地方的社群师，当具备如此之条件的时候，再去开拓一个地方，对社群的帮助才有价值。

所以如何作为一个社群师在自我成长的同时，孵化或是发现新的社群师，这点是很重要的。

前面分享关于社群的一些玩法和思路等等，但真正去落实之后，需要每个社群师实现自我成长的同时，也能够帮助其他社群师成长和进步，同时发现这些有潜力的社群师，在一个地方把社群玩好，这是我们要学习的。

我们先从如何判断一个群主是否有潜力？以及如何发现他和找到他的一个方式存在在什么地方，然后把这些群主进行不断优化，最后实现新群的运作等等来一一介绍。

我们说新群主的孵化，首先要搞明白，哪些人适合做新群主，首先排除一点，不懂别人感受的人、对人和人关系不敏感的人，也就是情商低的人根本不具备做群主的条件，只是对做事非常有感觉，但对于人的情绪变化，如何和别人沟通、交往不太擅长的话，这样的人不是一个合格的群主，也不纳入到新群主的伙伴中来。

那什么样的人才具有新群主的潜力，用三个点对自己进行评判和思考。我们认为一个有潜力的群主具备三有，就像小学说五讲四美三热爱。

第一，有资源，包括资金、客户，或是地方的影响力，因为有资源的人会把资源统一在一起放到群里来，所以这点是很重要的，资源的判断和整合能力也是很关键的。

第二，有能力，包括资源整合的能力，就是发现价值，同时把有能力的人聚到一起，这就是资源整合的能力，整合的人、财、物，这种能力是重要的。还有一个，对别人的情绪变化有敏锐洞察力的人，因为对别人的感觉很准，才有处理别人关系的能力，这样沟通和交流就非常重要，所以这个能力就是对人的洞察力、对情绪的感知力。

第三，个人沟通能力，包括此时此刻说和聊，这个过程包括了倾听能力，前面说的关于用户服务、用户服务的微机管理最重要的一块就是先学会倾听，很多人非常强调沟通能力和说话能力，但不懂得倾听别人，这样的人是一个非常自我的人，在群里面也是很难把人统筹起来的，因为他只在乎自己的感受，不在乎别人的感受，所以这种沟通能力也是有缺陷的。

还有一种沟通能力，比如说赞美别人、欣赏别人、亲近别人的方法和能力也很重要。

第三个要素是要有充足的时间，时间是最贵的资产，想把群玩好的话是很花费时间的，虽然有能力，但不愿意花费心力和时间，也不可能把这个社群给做好。

所以，时间也是非常考验群主具不具备这个要求的重要的一点。到底从哪里去寻找这样的群主？

一般通过三种方式。

第一种，在群里面发现，比如说群里面有400到500人，在交流的时候发现这个人非常活跃，而且在一个事情的评判和观点看法上都非常的厉害和有深度，那这样的人就是非常有能力的人。我们需要通过群的互动，让每一个人参与进行的时候，才知道这个人具不具备这样的能力和素质。

第二种，推荐，在群里面有一些人说"我非常好的一个朋友，他具备统筹能力，我们发现我们的群非常好，但是，我在我们地方上做这样的群我可能无法胜任，但我认为我的朋友可以。而且，他在某方面特别擅长，也有资源、能力、而且也有时间，对咱们群的玩法和价值观非常的认同，我觉得是非常的好，所以，我推荐给咱们的社群师，你看，能不能让他在我的立场上做一些事情呢？"当时可以，这就是推荐的方式，就是你在群里做的非常好，而且给群成员带来价值的时候，别人才愿意让你推荐，如果你自己本身没有价值，社群师是不愿意采用你推荐的人。

第三种，吸引，群做出来之后，很多人说这个群好，但是，我们一直没有办法加入，因为，这个社群是有一个门槛和壁垒的，我们没有办法介绍给你们，你看我们能不能把社群在我们当地落地，这种吸引式的话非常容易在地方产生裂变，而且一旦你的核心群，根据地做好之后，这种信任能力是非常强大的，对社群的裂变地方的落地是非常明显的。

一旦把这些人找出来了，而且这些群主非常的优质，接下来要做什么事情？孵化他。

首先，告诉他价值观的体系，让他明白我们整个社群的玩法是什么？然后，我们社群未来的憧憬是什么？我们要走哪一步，要实现什么样的愿景。都很清晰的告诉我们的群主，先把统一思想放在首位，大家要彼此认同，认同我们这帮人、认同我们的玩法、认同我们的体系，这点是很重要的。

第二点，孵化他，给他提供什么？提供分利的规则，你跟我们一起不仅为了实现共同的目标，希望在一起之后，可以得到一些利益上的回报，所以社群的商业模式一旦成立之后，我们也愿意把这套商业玩法落地到地方去产生利润，利润怎么分？我们要建一个比例，比如总群与地方分群在营收分利上比例是二八分，或者个别地方、个别产品会五五分等等，根据不同产品，设置不同分成的比例，这点是很重要的。

价值观、思想统一好之后，还有一些物质上的东西，所以我们既讲情怀，也讲物质，这样才能对整个社群的玩法持续。

所以分利的原则很重要，尽可能的让利给分群群主，成就别人，其实这样的话别人才愿意合作，不要认为我们不吃亏，其实不是的，当总的社群在每个地方收一点点利润的时候，统一在一起就是非常大的利益。

所以本质来讲，总社群是可以赚大钱的。

那我们要给他孵化提供什么？在这样的价值观，利润目标情况之下，怎么实现它？这是社群运营的方法论，为了实现利益的目标。

所以，孵化群主提供的就是这三个东西。

群主孵化完成之后，他也掌握了这样的能力，也学了一套这种玩法，也知道怎么赚钱，下一步就是执行，就是社群运作。所以，本身也是一个很好的系统。

菜根谈

时间，是人们唯一公平的资产，个人战略其实就是调配时间，和谁在一起做什么事儿、在一起的时长和先后，都意味着结果的巨大不同。年龄越大，可支配时间越少，利用效率就越显得重要。时间观念的优劣，是察己识人的头等大事！

37. 社群师修炼之 KOL 整合

社群师修炼之 KOL 的整合，KOL 什么意思，是领袖、专家、大咖的缩写，在互联网上统称 KOL，这对社群是非常重要的，举个例子叫台柱子，社群若不具备这些是很难把能量聚在一起的。而且有些人进入你的社群也是冲着某些大咖去的，所以在群里面多储备一些大咖是非常有帮助的。

我们曾在2014年玩过一个群，当时移动互联网还不火，聚集了非常多的大咖名人甚至领袖、专家经常在报纸上，上过媒体也是因为一些大咖聚在一起大家非常活跃，每个人都非常珍惜在里面说话的机会。如何整合 KOL，如何找到这样的人确实很重要，找到这样的人之前要先明白 KOL 需要满足哪些要素：第一要具备很强的人气；第二要具备很强的专业；第三要具备很强的覆盖率；最后要具备很强的配合性。所以 KOL 需要四要素，明白什么样的 KOL 符合社群，这点尤其重要。下面这张图是在互联网时代对于 KOL 的要求。

社群师修炼之 KOL 整合

比如一个粉丝，很多 KOL 专家进微博看有几百万粉丝，但知道是通过购买的方式实现递增的，所以强调真实粉丝的数量，很多专家很厉害，但他的专业未必适合我们群体。还有粉丝分布，我们做一个小的社群，这个人对我们有什么帮助，我们做一个全国的社群，但是粉丝是集中在地方的，对我们做全国的社群有没有帮助？这些粉丝本身处于一个状态，不活跃，这就说明粉丝本身和 KOL 链接属性没那么强，只有活跃时才能证明粉丝和 KOL 之间有强互动，这样粉丝的真实性才会更强。还有粉丝质量，包括收入水平、辐射力，因为好多大咖的粉丝也是大咖，这样的大咖的质量就非常牛。他是大咖中的大咖，这样的人是不可比喻的。还有一些帐号分类，切中某个主题，还有具体信息，就是帐号定位的分类，所以这是互联网上 KOL 关注的点。

社群师修炼之ＫＯＬ整合

从社群的角度来说 KOL 具备四个要素：第一是人气值，第二是专业性，第三是覆盖率，第四是配合性。

人气值是非常关键的，他有一批粉丝，之所以在这一领域非常牛，是因为有影响力。我们利用 KOL 人气值拉动捆绑粉丝，这也是关键。人气值非常重要，关于人气值怎么解释，粉丝本身的质量、比例、产生的地域性如何，还有粉丝本身怎么样，这是人气值。

第二是专业性，专业性很重要，因为老师或 KOL 本身就是产品，产品就是来消费的，用户冲着他来，愿意听他讲，愿意咨询他，所以专业性很重要，现在已经非常规模化了，可能他给自己贴了很多的标签——董事长、教授、老师……让人觉得很厉害，但交流之后发现并非如此，这样的事情在互联网上大量存在，所以我们要有一双慧眼，先从网上调查资料，测试大咖的专业性，所以选大咖时不要选伪大咖，一定要对大咖进行一些了解，这是非常重要的。

第三是覆盖率，覆盖率强调大咖本身的影响力是综合型还是专业型，因为有一些大咖妇孺皆知，像国家政治领袖、商界领袖。我们有时候也不会要求特别关注综合性很强的领袖，因为这种人是全部覆盖的，整合会有很大难度，反而是具有主题型的 KOL 对我们的帮助更大，因为这些人名气不大，可以对我们进行友好配合，同时他的专业能力没有问题，所以我们宁愿选择一些细分领域很强的，覆盖率上特别强调这一点。

最后一个是配合性，很多大咖、厉害的角色，虽然他很牛但并不配合你，效率很慢，这也是损失，所以是不是大咖不重要，重要的是能不能一个专业领域非常强的人配合我们，能不能实在帮助到我们，所以配合性以及覆盖率来讲配合性非常重要，配合率做不到是没有办法解决实际问题的，所以这是做社群、做 KOL 整合重点关注的要素。

38. 社群师修炼之自媒体

关于社群师的修炼之自媒体的玩法。

很多时候无法实现社群和自媒体的统一，社群玩的好的，自媒体玩的一般，而自媒体玩的一般、内容做得非常好的人，却无法把人和人的关系统筹起来。如何把社群和自媒体连接起来，我们要利用社群本身和自媒体本身建立链接关系，然后形成一个长线的业务链条，获得市场的优势。

有人的地方就有江湖，而这种江湖怎么呈现？特别强调一点就是线上平台，尤其像微信群QQ群这种平台，它是一个非常封闭的圈子，只是在存储，圈子内部发生的事情，外面的人并不知道。但又想让外面的人知道，怎么办？社群的壁垒非常高，没有办法开放，所以我们就特别依赖自媒体给我们带来的价值。同样道理，做自媒体也会遇达到三四百万的粉丝量，但是他们的活跃度没法去检测，只是看到一个阅读量、点击量、点赞量，还有评论量等等。但是这些人的关系怎么链接串联。这个时候我们必须依赖社群本身，社群就等于把用户散落的点放在群里面之后，形成链接关系，构建链接，它所带来的裂变效应、互动关系、社交关系，和资源的并发是有很大帮助的。

对于社群运营人员来讲，做自媒体是非常有必要的，需要把社群的内部信息传播出去，带来新的优质的流量进来，需要把社群的品牌影响力塑造出去，依靠自媒体。同样道理，做自媒体，仅仅聚集了大批的粉丝，不把粉丝之间的链接关系构建起来，粉丝的价值就会降低。所以做自媒体需要社群做整合和配合，自媒体和社群是有很强大的关系的。比如社群可以给自媒体创造内容。

社群本身也能够产生内容，人与人互动就是一种大量的信息内容的呈现。这种信息和内容仅仅在群里面存放流转是不够的，需要把这些内容通过编辑加工整理之后放在自媒体上，利用自媒体矩阵发声，然后各个地方呈现出来，这种立体的感觉出来之后就完全不一样了。所以社群是重创内容非常好的平台，是一个产生优质内容的地方。作为自媒体，不单是活跃用户，还可以从社群获得这么多好的内容，这是很重要的。同时自媒体能够产生反馈，比如写内容、写一篇文章，除了朋友圈做转发分享之外，还可以放到群里面。

比如晚上的时候，大家比较闲，喜欢去群里聊天。这个时候把内容丢进去，就很容易被关注到。如果内容非常好，非常有帮助，同时又关系到很多人的一些利益情况。这个时候大家是非常愿意看到和转发分享的。如果再加入一些红包的刺激，比如欢迎大家转发到朋友圈，自己的群里边，希望能够帮助你的其他朋友。做这一系列动作，那么这篇文章在社群里边就可以实现大量的转发和传播。对于我们公众号的阅读量粉丝增加是有很大帮助的，当然前提是你的文章要像爆款一样打造它，这一点是很重要。

社群对于自媒体的作用也非常明显。自媒体可以帮助社群平台提供品牌的传播，社群是封闭的，自媒体是开放的。所以自媒体是社群的一个窗口，这个窗口起一个非常大的作用就是帮社群做品牌的传播。第二点可以帮它做引流。社群像一个湖泊一样，需要有新的流量进来，也需要一些不符合社群价值观的人剔除掉等等。社群应该像活水一样，有水进来，也有水出去，这样来回流动，流动才有生命。

所以做社群也要坚持动态和静态的结合，需要不断的新流量进来。这种新的东西进来只能通过外面的平台介入，通过开放的自媒体带来新的流量。所以说一旦自媒体几百万的粉丝全部转到社群的平台内容的话，所带来的巨变是无敌的。因为多个人之间的链接关系形成之后，是一种指数级的效应。所以自媒体帮助社群不但是做品牌传播，还能带来新的流量，这是非常重要的。而且自媒体是社群流量的一个重要来源。有了自媒体，做一个群是非常容易的。要正确看待两者关系。

社群可以帮公众号通过 UGC 的方式提供原创内容，而且是众创出来的优质内容，多个角度的，可能更加接近真相。第二个好处是社群可以帮公众号图文做传播，一旦社群的熟悉程度非常高，社群数量做多的时候，它所产生的传播量是非常可观的。这是社群对于自媒体的好处，自媒体对于社群的好处也是显而易见的。社群本身的封闭性，需要做品牌的推广，走进大众视野。这个时候社群就可以帮助公众号，做品牌传播。

操作很简单，截图，然后讲社群的观念、价值观、社群活动、社群仪式感的东西，就可以带来品牌传播，这是第一个。第二个还可以帮社群引流，自媒体是非常重要的一个流量平台。这就是社群和自媒体的关系，搞清楚这种关系，对于做社群和新媒体之间的平衡有很大的帮助。

很多人认为自媒体就是一个公众号。其实不是，公众号只是非常重要的一个自媒体平台。比如说微博是非常重要的一个自媒体平台，它是一个影响力很大的平台。所以内容在微博上很容易产生传播，尤其是有足够粉丝量的时候，它的传播力量是非常快的，阅读量点击量是非常高的。比如简书、知乎，还有今日头条，已经成为大家日常生活中必不可少的媒体。比如今日头条里有一个头条号，也是自媒体版的，你可以开通这个号，发布你的内容，积累你的粉丝。所以头条号是辅助我们的微信公众号非常重要的部分。

现在的自媒体平台是非常多的，把社群的原创内容整合起来、编辑好，同时在这么多的自媒体上发布。这个平台本身不收费，免费注册进行运营。这也是为什么很多公众号有足够多的粉丝量之后，就可以带来一些很大的营收。现在广告收入已经成为很多自媒体大号的一个主要收入来源，这就是意义所在。

除了在自己的自媒体上投放之外，还可以有针对性地做一部分市场费用，然后投入到其他自媒体号上，这也是非常重要的一点。同时仅仅靠这些还不够，还可以花一部分钱放在人民网、新浪网、网易、光明网等这些主流媒体上。这就是社群和媒体的关系，这种关系非常重要。它们两者是相互补充相互配合的一个过程。自媒体偏中心化，比如我说大家都集体听。社群是多中心化，在社群里面每个人都可以成为领袖，只要有能力，具备这种影响力。而这种多中心和中心是一个相辅相成的角色，就是社群里面需要有一些自媒体高手发表建议，公众号自媒体也需要有不同的声音。总之来讲，公众号或叫自媒体可以帮助社群做品牌传播核心的引流，而社群可以帮自媒体提供 UGC 内容和品牌的传播。

———— 菜根谈 ————

　　企业文化其实是创始人文化，家庭文化亦如此，它是老大的人生观延展，是组织行为的默契，即潜规则，这也解释了：企业战略取决于创始人的个人战略，投资投的首先是创始人及核心团队，其次才是项目本身。

39. 社群师修炼之外部社群

关于社群师修炼外部社群的关系，社群即是江湖，这个群跟别的群打交道，就成为了公开的关系，比如说家庭是最小的社群单位，两个家庭之间开展的关系，就是家庭社群发生的关系，一个家庭不断的评比、攀比，这其实是外部社群关系的处理，这一点来讲，家庭的社群维护和处理是非常重要的。做一个社群，要跟其他社群发生来往，社群师如何应对竞争对手或其他社群抛来的关系问题，如何处理，这代表了关系的处理。社群外部关系处理就是外交行为，就像国家和国家产生的战略合作，就是外部关系处理，运营社群，或处理内部社群关系的一种方法，只要参照家庭之间、公司之间以及国家之间这种关系就可以了，所以处理内部和外部社群的关系是有参考依据，数量中也可以找到，到底怎么处理好这种关系，提出一个原则。

第一个，尽量避免社群之间进行 PK，因为每个社群之间的实际情况不一样，可能两个社区价值观不一样，不同的评判标准，进行对比是没有意义的，跟公司间的对比不一样，公司都是处于一个赛道或一个目标，这时候竞争要比较，比如投资项目时，同样一件事两个人做，这个时候比较才有意义，因为大家是同样的价值体系，为实现目标，避免资源浪费，要选择其中一个。运营社群没有必要，把握住，把群里关系梳理好就足够了，所以尽可能避免社群比较，很多时候社群还没有运营好，怎么和别人比较、PK，这种比较可能来自内部运营者本身，通过别人的运营发现自己社群的不足进而去调整，这是可行的，但内心来讲，运营过程中需要通过比较的方式去分享社群的运营能力，这是必要的。

第二个，避免社群交恶，这是社群深层的演化，经常看到一些喜欢社群的朋友说有的社群好，有的不好，然后跟其他社群PK，这是没有意义的，我们要尽可能避免跟别的社群交恶，尤其是实力不足时，没有必要跟别人PK，一旦社群非常好，最好处理方式不是对抗，而是把社群本身价值做出来，只要我们强大了，对方社群可能会被我们的影响力吸引，所以说这种交恶所达到的目的，是用户之间，只要把用户本身价值做起来，竞争就可以避免，所谓的交恶就不存在了，最好的战胜别人的方式是不和别人战争，不战屈人之兵。

第三个，增强社群的黏合，不断和别人进行碰撞，社群之间肯定有联系，通过这种黏合整合大家在一起，避免资源浪费，大家做的事是一样的，不妨资源整合一下，归纳为一个企业，这个其实在企业中是大量存在的，比如说公司兼并、公司合资，投资本身就是社群的联合，比如赶集网和58同城不断对比，然后百姓网就惨了，其实百姓网的势头非常猛，只是在赶集和58对比的时候，没了，这就是合作带来的影响力，要强化这种优势，社群之间不断的黏合，这是非常重要的。

第四个，坚守社群原则，虽然和其他社群产生合作，发生关系，但我们的原则必须很清晰，所以原则就是底线，如果社群本身没有价值观，这个社群质量就非常低，活跃度是有问题的，社群本身生命力也是值得怀疑的，所以不断强化社群原则，这个原则也很重要。

每个社群之间的关系，一个小社群可以做成一个个体，总结来看，处理这种外部社群关系，无非是这些原则，而且本身产生链接关系。

———— 菜根谈 ————

投资和创业的本质是一样的，即先找到一个赛道（行业）的下家（用户需求），然后再找到符合该下家（用户需求）的项目（产品）和创业者（产品经理），通过运作和包装（市场营销），来实现溢价退出（差价成交）。

40. 社群师修炼之线下空间

社群修炼之线下空间。

前面讲了很多社群线上的玩法，而且线下平台也很多，线下空间如何打造、未来社群的活跃度，线下是非常关键的点，线下是生活的根基，从现在来看，社群活跃度下降，是指线上微信活跃度下降，但线下活跃度非常高，而且小圈子互动越来越频繁，所以重视线下空间是从数据上可以证明的，像寺庙、教堂，作为典型的线下空间存在了上千年，如果跟一些非常有灵性的朋友沟通，就会发现其实空间里有暗物质，当人和人的频率一致时感应就会发生，像我们进入教堂，即使没有信仰，也对教堂存在的能量感觉敬畏，这种能量场就是一种生命力，细胞产生了无缝对接就会对我们有影响，所以不要小看线下空间的作用，而且线上社群本身是巨大的链接，能量聚集无法做到，因为是离线的状态，在一定时间内可以离开社群。但现实中，一旦进入就可以被包围，所以线下空间的感应会越来越重要，包括看同类，除微信群本身，还是为了开发一个小程序，然后让小程序二维码直接下单，所以线下空间的时代来了，比如三只松鼠，开始构建松鼠窝，构建自己的专营店，这是淘宝和天猫害怕的地方，不断整合线下是对线下空间的重视。比如有一个货架，我们发现卖东西是随时被卖，既然这个空间有这么高人气，为什么不能做成这样的货架，各种产品都在货架上展示出来，这其实是给客户提供福利，一旦把空间做的足够多，就会拥有很多终端，把量做起来所带来的流量是相当可观的。社群经常会搞一些活动，每周做一次，每周下午5点半，在现场给大家看活动的主题，还有聚会的照片、关于企业文化的海报，就是把企业文化贴出来，这个对于一个企业的影响是很大的，还有线下桌椅，因为空间里需要一些有生命的东西，还有自然界的花草，这是生命的力量，线下空间也很重要，我们需要安排一些绿植之间的互动，这是很神奇的，还有易拉宝，把宣传元素融入进去，这就是线下公司、货架、条幅、海报、桌椅、绿植，还有人，所以做线下空间时，这样的空间给我们带来很大的帮助是因为这种企业文化。如果想学好这些空间，参照一些非常成功的案例，比如说教堂、寺庙，还有一些有情调的咖啡馆、图书馆、酒店，会有不错的启发，都有各种各样的文化，各种元素就是线下的空间的做法，结合沙龙，我们完全做的也是这样一个线下空间，这也是为什么我们特别重视，而且锁定住群里的能量，我们认为在做线下空间一定要有固定场所，这样才能把每一个聚会产生的能量聚集和沉淀，通过时间的发酵，这个空间每一个元素，都能被人的能量所赋予，这样能量就可以反复，总体来讲，对于我们做事来讲，一定要重视心理空间打造，而且保持两个原则：第一要固定，不要随时搬来搬去，同搬家的道理一样，社群也是这样，要坚持线下空间固定。第二要增加仪式上的东西，条幅、海报、绿植、桌椅对人的五官、嗅觉会带来能量的辐射，给人带来启发。

———————————————— 菜根谈 ————————————————

　　一个圈子，如果不建立起合作关系、集体对外，而仅靠吃吃喝喝维系，几乎不会持久，这几乎就是一个规律。所以，一旦有靠谱的事儿，遇到靠谱的人，赶紧拧成一股绳，否则，又成了路人。

第 5 章
IP 篇

用好社群平台，做好 IP 插件

41. 社群化生存的七个秘诀

关于社群化生存的七个秘诀。

很多人可能觉得做社群很复杂、应不应该做，太复杂的话，没有能力和精力做。做社群是一件非常考验情商的事情，去沟通、打点关系，对个人的情绪特别敏感。而这些要求和能力对于很多人来讲，是不具备的。做领导的人毕竟是少数，大部分人还是中层和基层。世界是由领导者引领的，历史的变革是由领导者引领发起。而真正推动世界的进步和变革是大部分的老百姓。

做社群想做好的话，是有难度的，不是每个人都具备做社群的天赋。但大部分人适合做社群化的生存。就好比公司一样，只有一个老板，剩下几百号人可能大部分只是公司的一个组成部分而已。同样做社群，真正的运营社群可能就几个人，大部分人适合做社群化的生存。只要在群里面好好存在、做出价值，依然可以享受到社群带来的各种红利和价值。所以做社群需要很高的情商。社群可以带来帮助，能否把社群的金子捡回去，全在于是否掌握了这种技巧和方法。

关于社群化生存的七个秘诀，第一个叫角色感的确认。首先明白，进入社群的目标是什么、有什么特长。如果想不清楚进入社群的目的，不知道自己有什么特长的话，建议先不要入群，因为每个群都是一次机缘，每次机缘如果不能抓住，就是一种错误、浪费。与其抓不住这样一次机缘，不如先修炼一下。第二点是要明白能够给别人带来什么样的价值，比如不单给各位带来社群的运营方法和具体的操作办法方案，同时还带来思维上的一些提升、能力上的提高，就是带来的一些帮助。

比如一些创业、资金、高端人脉的机会，都可以提供给你。这就是在社群给各位带来的帮助。这是第一点，角色感的确认。这个问题必须想清楚，想不清楚就会很麻烦。起点决定终点，起点就是你的目标和有用的东西。所以要牢牢记住，要很清楚自己的定位。

第二点，围绕目标选择社群。社群数量非常多，因为亚文化的盛行，每一个小细分的领域都会形成一波人，三五个人都可以成立一个群了。很多几十几百个群也非常多，所以处于选择的恐慌中，怎么作出选择，这个选择要根据自己的目标。比如投项目，就要进入创业者的社群。比如想学习足球运动的知识，就要进入足球群。比如想学做非常美味的佳肴，就要进入吃喝玩乐群。所以要围绕目标，来做社群选择。同时要提醒一下人的目标是非常多的，每个人需求也非常多，所以要围绕你的目标一个个选择，而且把每个群都当成非常重要的根据地好好参与其中。

第三个是傍群主。就是进到群之后，要先跟群主打成一片，这个非常重要，因为我们中国有一个词叫擒贼先擒王，同样道理，进入一个群之后，混群先混群主，其实道理是一样的。中国人看脸吃饭，尤其看上层人的脸，这是一种识时务者为俊杰的一种韬光养晦的对策，是一种情商的表现。运营社群需要情商，混群也需要情商。第一步在于进群之后先跟群主搞好关系，先研究群主的喜好。比如进群之后，先加群主为好友，然后看他朋友圈，他到底有哪些喜好，他平时发的内容发的文章，这其实就是他的关注点。根据他的关注点来测试他的兴趣爱好，多谈这方面的内容，就会引起重视，群里面的资源可能会多向你倾斜。这就是傍群主带来的一种启发。

第四点叫通过输出来交换存在感。在群里面很多人都特别喜欢能够提供独特思考、提供干货的群成员。尤其是群主非常喜欢，因为他本身有要求，就是希望群是活跃的，希望有群成员在里面不断的释放干货、提供价值。这是每个群主希望每个群成员要做的事情，只要投其所好，在群里面多提供这种知识，提供干货就可以了。比如"群里面在讨论一个问题的时候，我都会发表出自己独特的见解，我会把我的见解分门别类写出来，而且很有条理"。这个时候别人觉得这个人是认真的在思考问题，很务实、很踏实、逻辑非常缜密、思维非常地道。这个时候大家都会对你高看一眼，虽说你不是群主，但你所提供的价值回报别人看在眼里，记在心里。这个时候别人自然会找到你，加你，和你成为好友。

所以在混群的时候，不要开始就发广告，一定要提供有价值的东西给这个群里的成员。还有一种方式是发红包。很多人进群之后先通过红包的方式打破尴尬的局面，先混个脸熟。这也是我们平时日常交往打交道的一种常规方式。

第五点是戏水变潜水。因为我们进群之后，有一些自己的目标或想法，希望多认识一些高手，这时候先抛出一个话题，比如大家对于目前非常火的单车共享怎么看，这个发出去之后再丢个红包，凡是抢到红包的人，希望能够对于单车共享这个问题发表自己的看法。这个时候很多人就会对单车共享的问题提出一些自己独到的建议，这个时候你就默默的观察，看哪些人真正的对这个话题有真知灼见。凡对这个单车共享话题有真知灼见的人，可能就是这个行业里的专家，或者这个人看问题非常厉害。这样的人可能是我们潜在的对象，因此可以这样来建立关系。这个时候对你的帮助是很大的。所以这就是戏水变潜水，目的就是通过抛出一个诱饵，让大家互动起来，然后观察哪些人发表的看法非常有质量，之后跟他建立起关系。这就是通过戏水的方式，得到你想要得到的东西。

第六点是要为社群站队。分享了很多关于社群的案例，目的就是除了传递社群运营的方法之外，也有一个公关的策略在里面，就是作为社群的参与者，也想为这个社群做个站队，做一次 PR（Public Relations，公共关系），做一次传播。这其实就是一种回馈和感恩，因为社群帮助你很多，你也有责任和义务来帮助你的社群。

第七点就是相忘于江湖。我们发现很多人的成长速度非常快，随着我们的成长和学习，我们就不可能长期在群里面待，因为人有时候往往会陷入集体无意识，就是你的智商发展的速度可能会高于社群的发展速度。所以这个时候要进入新的一个群，进入更加高级的群。所以要不断地从一个群跳到另外一个群，提升自己的认知。这其实就是一个自我提升的过程。

☁ 42. 社群思维优化个人战略

　　如何利用社群思维优化个人战略。我们学习东西要学透不仅是学知识点，还学体系、还学思想、思维。这是真正决定我们能否走的远、走的长久的一个关键点。所以要用思维指导行动，用行动实践结果。所以要从信息上升到知识和技能，上升到系统，从系统上要掌握一种思维和方法，这对个人的成长是有极大帮助的。社群其实也是一种思维，是一种圈子思维，而且这种思维对我们为人处事赚钱都是有极大帮助和启发的。

　　社群思维对于个人成长有什么帮助？先讲三个社群的内容，首先看家庭，家庭是一个社群的最基本单位，它是以血缘关系为纽带所形成的一个社群，而且家庭分两种：一种是原生家庭，一种是再生家庭。原生家庭就是我们的父母和我们形成了一个家庭。假设我们自己结了婚有了孩子之后，组建的家庭就叫再生家庭。所以家庭分两种，它是相对的概念，一个人又在再生家庭，又在原生家庭，是不一样的。我们在原生家庭里面可能是一个被动的角色，有家长给我们提供决策，所以原生家庭的文化取决于父母本身。再生家庭的文化也取决于父母本身，只是对我们个人来讲，取决于我们的父母，还取决于我们自己，仅此而已。

所以每个不同的家庭文化由不同的人所造成，原生家庭对一个人的影响非常大，这个人的性格背后反映出来的其实就是父母之间这种关系所导致的个人性格。比如很多人自卑，就是因为父母有些行为让他理解不了，然后产生自卑现象。为什么特别强调夫妻之间不要守着孩子吵架，因为吵架带来两种影响：第一，孩子分不清楚谁说的对。因为吵架是在争执，孩子本身不具备这种争辩立场的能力，他认为爸爸妈妈一样都是权威，每个人的观点都对。但两个不同的观点混在一起，出现冲突了，他无法分辨，所以他就很乱，一下子失去了安全感。第二就是他发现最爱的两个人居然发生了冲突，他不可思议，理解不了。他看到父母这种冲突，觉得最亲爱的两个人出了问题，觉得很自卑，会想"是不是因为我导致的，为什么不顾及我的脸面，我的存在感在哪里"。所以他所依赖的两个支柱就突然不存在了，这个对他来讲是一个致命的打击。他就觉得自己特别的委屈，让自己封闭起来，不愿意面对更多的人，这就是因为父母吵架所导致的。

所以当这种父母教育方式与家庭教育方式不对的时候，自卑就会自然而然呈现。很多人自卑其实就是由两个原因导致的，一个是父母之间的冲突，守着孩子吵架。第二个就是当自己做错了事之后，父母不能用好的科学的教育方式让孩子意识到错误，而只是用咒骂等等，然后孩子会变得非常自卑，内心缺乏一种安全感，这是一个很大的问题。有的人很自信就是因为父母本身很乐观、很开放，从不在孩子面前吵架打架。而且当孩子犯错之后，他们会告诉错在哪里，鼓励孩子去改正错误。他们用好方式教育孩子，那么这样的孩子一定是乐观的、自信的，所以说一个人的性格取决于家庭，而不在于自己。因为人本身是圈子的产物，是关系的产物，这一点是很重要的，家庭的关系对个人的性格养成是有很大帮助的。

所以我们要从原生家庭关系当中找到自己，意识到我们的地位，不要被父母所带来的负面影响所影响。我们要学会找到自己，其实就是先从原生家庭当中找到自己，这点是很关键的。第二点是要在再生家庭中成就自己，成就别人。我们作为这个家庭的家长，要想办法营造出和谐的正确的科学化的生活家庭的氛围，尊重妻子、尊重丈夫、尊重孩子、尊重每一个邻居关系。只有这样才能够让别人实现他们的自我寻找，然后通过成就别人才能成就自己。

这就是利用原生家庭和再生家庭血缘的社群关系、社群思维来优化性格、优化个人的第一点。家庭对于我们个人的战略影响非常大，很多事业有成的人，他们的家庭教育方式非常好，所以孩子性格会非常坚强、乐观、自信、有上进心，这其实都是父母赐予我们的。所以父母不但赐予了我们的生命，还给了我们应对社会的方法，给了我们解决问题的方法。所以家庭对个人战略影响是非常大的，而且家庭是进入社会、面对世界的第一所学校，所以我们要特别重视家庭。

第二点是公司。公司也是非常重要的一个社群，它是以契约精神为基础而构建起来的一个分成高层、中层和基层的三部分的社群组织。它像军队一样具有很强的执行力，能够统一目标，快速高效率完成一件事情。通过公司这样一个社群应该学到什么？我们要用老板的思维要求自己，因为老板是群主，是公司的创始人。如果我们也想成为一个公司的老板，成就自己的一番事业，就要站在老板的角度考虑问题。不是为了打工而打工，要成就自己，需要通过这种思维转变来要求自己，然后才能真正成就自己的一番事业。

既然要用老板的思维要求自己，有三种能力非常重要：第一种叫认知能力；第二种叫沟通问题；第三种叫执行力。认知能力其实就讲的是高层，因为对于老板来讲最重要的是公司的方向不能出现错误，如果公司方向出了问题，执行力越强，越是走向一个不好的方向，这样就越难完成目标。那怎么才能够做对方向，首先要认识到这个行业的发展情况，明白公司的实质跟业务的实质，以及目前竞争的局势。如果没有这样的认知能力，不可能抓住企业发展方向的。所以对于公司来讲就是找人、找钱、找方向，尤其找方向是第一位的，这种找方向的能力其实就是一种认知能力。

第二个是沟通力，沟通力指的是中层，中层要上通下达，能够领会和聆听上级高层传递的意思，明白公司的愿景是什么，明确公司的发展目标是什么。之后把目标和方向转化成方法论，转化成可执行的方案，然后传递给基层员工去执行。对于中层最关键的一个要求就是学会沟通。沟通其实就是在管人，起一个上通下达的作用，协调的角色，所以这个功能是很关键的。如果一个人不明白人和人的关系，不清楚上层的意图，不明白下层的优缺点的话，他是很难把任务分配成行动计划的。所以对中层来说，最重要的就是沟通能力。

对于基层来讲，其实就是执行力，因为对于一线执行的人来讲，就是把目标做成，把事情做好，做出细节、做出质量，而且做持续，这样就足够了。所以这是我们公司社群带来的启发，就是我们要学会用老板的思维考虑问题。同时要掌握三种能力，认知能力、沟通能力和执行力，这也是很关键的。

最后一个是圈子。每个人除了家庭公司之外，还有自己的小天地，这个小天地就是一个小圈子。它是以兴趣爱好为基础而形成的一个社群，其实它是一个分享、成长、放松的圈子，提高时间的利用率，让自己在短时间内获得突破，其实它是集约时间。让自己时间耗费的地方，因为每个人都有很多情绪，都需要找一个放松圈，找一个非常自由的天地，这其实是一个放松圈。所以圈也分两种，成长圈和放松圈。而且每个人都应该具备两个小圈子，能够让自己获得成长，除学校、家庭和公司之外有一个小圈子能够让我们获得知识，这就是成长圈。还有放松圈，每个人都有不顺心的时候，这种不顺心积累长了就是一种情绪，需要发泄，发泄在这样一个放松圈子里。基于这样一个兴趣爱好的圈子给我们的启发是要与正能量的人在一起，不断优化自己的圈子。优化这种圈子就是在优化自己的成长边界。

一个朋友是一个小有所成的老板，每年赚两三百万，觉得很知足，而且公司这两三年很稳定了。到后面觉得竞争对手已经远超过自己，觉得看不明白、看不懂，遇到了瓶颈。虽然在赚钱，但精神状态一直不好。我们就从家庭、公司和圈子对他进行了优化，比如说家庭，他虽然是一家之长，但是我们让他意识到自己目前的性格，事业成功是家庭赐予的能力。然后不断协调夫妻关系，对孩子的要求和期待降低，这样便有了和谐的家庭。公司做一些执行层的事情，作为公司老板应该多做研究和沟通，不应该做具体执行，所以把时间进行调配，这样就可以多做一些真正有价值的事情，瓶颈就突破了。再一个就是优化圈子，原来喜欢跟一些没有能力的人在一起，混吃混喝。现在分为两个圈子，一个是成长圈，一个是放松圈。整个人生有了变化，而且现在整个公司变化很大。这就是通过我们社群思维，对自己成长的变化。这是很大的帮助。

--- 菜根谈 ---

为什么一家公司需要建立自己的自媒体，本质原因就一条：交易是低频的，内容是高频的，要靠频次来吸引用户、建立口碑。内容战略是一家公司面对"消费升级"局面的当务之急。

43. 社群中 IP 火的三个原因

社群中 IP 的玩法。IP 非常火，IP 就是网红，有人可能会问 IP 或网红跟做社群有什么必然关系吗？这个非常重要，如果不能把一个群体和人的关系理解清楚的话，对于做社群也好，或做 IP 也好就会出现大问题。所以说社群是一群人的个体反应，一个人是一个群体的集中反映。其实个体和群体之间的关系非常密切，比如我们看到这个人就基本上可以看到他的家庭情况，看到这个家庭就基本上可以断定家庭成员角色的情况。这其实是小中见大、大中见小的哲学逻辑。从做投资角度来讲，或作为平时看项目、看创业者的话，基本上会采取这种角度分析一个人。所以社群和 IP 的关系就是小中见大、大中见小的关系。

IP 本身如何去做。首先先聊一个话题，社群当中 IP 为什么会火。而且很多名不见经传的小朋友，身边一些很普通的朋友突然之间就火了，而且赚好多钱。他们为什么会火？到底火在什么地方？是怎么打造出来的？是怎么来赚钱的？

为什么会火。有三个原因：第一个是认知恐慌。我们在大学里面学了很多知识，进入社会后，又被大量知识和信息包围。一直在处于学习恐慌、恐慌学习的过程中。所以越学习越饥渴，进入信息的海洋当中，在海洋里面越喝海水越口渴越咸。信息也是一样，被大量信息包围之后，会遇到越学越不懂的局面。主要因为人本身的判断能力是有限的，或者说判断习惯一直没有养成。所以要学会独立思考，建立起自己的思维模型、判断模型和逻辑模型。

所以只有建立起独特的思维模型之后，才能拨开云雾，见到真面目。现在社会我们认知恐慌，信息多了就会无聊。为突破不好的局面，需要找到一个出口，而这个出口恰恰就是需要有个意见领袖来指点迷津。学习是相互的过程、相互的逻辑。这是认知恐慌，信息太多，不知道怎么办，需要有一个意见领袖站出来指点方向，告诉应该怎么走。

第二个原因是亚文化的盛行。现在的物质基础比原来好太多，小圈子也越来越多。在每个圈子都承担着角色，每个圈子也各不相同，在不同的圈子，所存在的生活方式不一样。所以此时意见领袖开始引领社群生活，带领小圈子去发展，因此亚文化在生活中极为流行，包括现在大学生里面存在的二次元现象。中产阶级喜欢比较保守、有逻辑、有品质的生活。比如女性又分了很多层，甚至包括同志同性恋，这也是亚文化盛行的一个表现。原来不敢发声，现在有了社群、互联网的工具之后，那些男同女同也能形成一个小圈子、形成独特的一种文化。这样的事情在我们这个时代是百花齐放、大量存在。

第三个原因是新媒体工具的肆虐。在今天这样一个时代，领袖像雨后春笋般大量存在、大量爆发。在没有互联网的时候，偶像就那么几个人。在那个时代，那些所谓的意见领袖、伟人和大咖，都是被传统媒体背后的势力所推出来的厉害的人。

现在不是那个时代了，现在每个人都掌握了互联网的工具。微博微信太多，成为意见领袖越来越容易了。只要开通微博，有微信公众号，然后就可以发表内容。只要这个内容有很多人喜欢，这些人愿意追随你，成为你的粉丝。

所以新媒体的工具越来越多，每个人在信息发布方面具备了平等的权利，这是时代的极大的进步和发展。同时消费者现在在认知品牌做决策的时候，路径也变了，原来购买东西的时候，可以直接去商场、去大超市、去便利店。现在购买东西的选择非常多，不仅去商场、超市、便利店，还可以去天猫、淘宝、京东，甚至直接在朋友圈购买东西。就像社群的商业模式分销、零售等等，在社群里面也可以购买东西，而且是基于非常好的朋友购买东西，我们是有认可的，有品牌认知度的。这种方式会越来越多，所以消费者在品牌认知和购买东西的时候，路径和原来有很大不同，这是时代的变化。因为每个人掌握了信息发布的权利和通道和工具，然后就可以依据自己的喜好按照社会的标准，围绕用户的需求做信息的发布和传递。

新媒体肆虐催生了大量的这种人，比如咪蒙、Papi 酱，咪蒙靠公众号声名鹊起，聚集几百万粉丝。Papi 酱通过短视频的方式妇孺皆知。所以这就是新媒体工具给有才华、有能力、有表现力的人创造了机会。基于这样一个事实，只要有一技之长，然后利用新媒体工具也可以成为领域的大咖和专家，这是新时代新媒体赋予的力量。

IP 的火意味着什么？意味着每个人掌握了信息发布的权利。

社会学上说，权利就是谁具备信息的发布权、传递权，也就是说一旦老百姓掌握了信息的发布权，就具备了发声的机会，就可以影响一批人，决定一部分人的行为，这就是新媒体工具给我们带来的最大帮助。IP 的火意味着人类的崛起，所以每个人都不要低看自己，因为每个人具备的能量是无穷的。在过去的旧时代里，没有媒体发声的机会，只是某个小圈子知道。但现在每个人都可以成名，每个人都可以通过信息的发布赚到足够多的钱和财富。

所以要抓住社群火的三个原因，想办法成为领域专家，掌握公众号、短视频的玩法。把这种认知体系转化成内容，转化成可操作的体系，然后传输给每一个需要的人。这个时代最终属于年轻人，一定要学会享受时代赋予的权利和红利，抓住时代脉搏，引领新一代人的需求。

同时要学会装点自己的生活，在亚文化盛行的领域里面让自己不断找到存在感，成为方面领域专家。这样可以实现财务自由、实现个人地位的提升。这样的机会越来越多，即使建立的 IP 程度不行，也会存在 IP 的一种淘汰机制，就是有些人火了，但过段时间之后就成为一颗流星，消失在人的视线当中，这也是存在的。所以在自己成名之前要做好准备。而这个火多久取决于你在这个领域的沉淀，运营能力和信心，还有思维体系是否具有生命力，这都会决定你到底能够火多久。这就是社群中 IP 火的主要原因，希望能够给各位带来启发。

☁ 44. 社群中 IP 的定义

　　社群中 IP 的定义和分类。很多人都听说过网红经济、H 经济，我们看到很多文章关于网红的定义或 IP 的定义。但这仅仅是讲一个现象，比如网红就是网络红人，然后根据网络红人这样一个现象能够产生一些销售，他们认为这就是网红经济。其实说法没有错，但比较狭隘，这样对于我们认知 IP 经济或网红经济，仅仅是一个小的角度，不够全面和深刻。

　　首先看网红经济或 IP 经济的定义，IP 经济是价值观的货币化，其实就是 IP 经济，怎么理解？因为不管是创业、做一个产品、写一本书、做一次分享、做一次演讲，还是画一幅画等等。这样一个项目一个产品仅仅是我们活在这个世界上的一种证明，这种证明恰恰就是一种观点、一种说法，也就是价值观。所以我们要通过载体传递我们对世界的看法。不管是创业，作为一个老师，还是打工，或者说成为一个非常知名的职业经理等等，这其实只是我们表达实际的一种态度和看法。我们要从这个角度认知，只有深入的认知，才会抓到事情的本质，赚到真正的钱，这是时代赋予我们的一种思考方法。

　　同样道理，IP 经济是一种价值观，关于价值观的内容，比如对事情或对人的好坏的评判，对事情的爱恨的情绪表达，这其实就是典型的一种情绪内容。还有就是对观点的是非评判，这个观点是非其实就是价值观的一种看法和评判。还有对个人、对事物,对一幅画是美和丑的表达也是一种价值观、一种看法。除了这些好坏、爱恨、是非、美丑等内容的具体表达之外,还有一些载体。比如通过一个标准说明事情的好与坏等等。具体内容应该有具体的载体承载,否则价值观就成了虚假的东西。

承载这些容易的载体有哪些?有文字,比如我们写一段话、一篇文章、写小作文,其实就是在表达看法,就是在承载爱恨、情仇、美丑、是非、多少、好坏的一种载体。还有图文,比如很多朋友喜欢画画,很多国画高手,画简笔画的朋友,画漫画等等,这种载体也是非常形象的,比文字更容易传递观点、传递内容的一种表现形式,用载体形式。还有现在非常流行的喜马拉雅FM、荔枝等等,这种音频平台非常火。像喜马拉雅的知识节,一天时间卖了5000多万的量。所以音频也是非常发达,非常好的一种承载内容的载体。

最后是视频,视频除了声音之外还有一些图片、图画、动画等等,呈现出来的感觉是非常多元化、立体化的东西。所以视频也是非常好的内容载体。还有物品,比如做一个项目,产品本身就是对事情的一种看法、态度,苹果手机的极简主义,为什么深得大众喜好,就是因为它代表了一种态度、一种极简主义,希望过的有品质、有质量一些,它代表一种追求,这就是价值观。这是对价值观的理解,除内容之外还有载体。内容包括是非、爱恨、美丑、好坏,有文字、图片、音频、具体的物品。既然是IP经济或网红经济,经济就是货币化的一个过程就是转化成金钱、财富、产品本身，你的流量、公关行为什么样子，其实流量本是一个产品，然后传播本身就是一个产品，投资也是业务或一个项目本身。比如今天写了一篇文章，关于逻辑思维的跨年演讲的非常好的一些评论，评论写出来其实只花半小时的时间，但打赏就要三四百块钱，这就是一种经济化、货币化的表现。除打赏之外还有广告，比如写一篇软文、做一次品牌传播推广，打一次广告也赚三五千块钱。

　　服务也包括很多种，比如本身有一个培训能力，我可以告诉你怎么能够发声，做一次演讲，这种提升的服务也是一个非常好的变现模式，别人愿意为这个服务付费。还有就是做投资，我们赚取一定时期的收益，未来的一种变现退出等等都是商业化的模式。比如主播、匠人、铁匠、大厨，还有陈欧，都赚了非常多的回报。还有徐小平，作为投资的网红，他赚取了非常多的收益，这就是 IP 经济的情况。如何对 IP 进行分类？我们发现很多网红或 IP 文章都在评论他们，或者对他们进行归类，但市面上对 IP 的分类还是比较浅的。既然网红满足的是一种需求，那就应该按照马斯若需求理论来做一个剖析分类。马斯洛的需求理论其实很简单，我们最基层的是生理需求、吃喝、性的需求；再往上就是一个安全需求，希望有一个不错的房子，希望获得安全感；再往上就是归属感的需求；第四层就是深度需求，就是物质生活可以了，需要别人尊重我、认同我，希望立功立德。这是自我实现的需求。

☁ 45. 社群中 IP 的分类

目前的IP或网红分成五类：满足生理需求的叫颜值类网红，或者IP。直播平台上面一些主播，比如像凤姐就是典型的审丑类的IP或网红，满足安全性的叫情绪网红，喜欢看Papi酱的视频就是因为她说出了我们想说而不会说的话，让我们情绪有了一个载体。

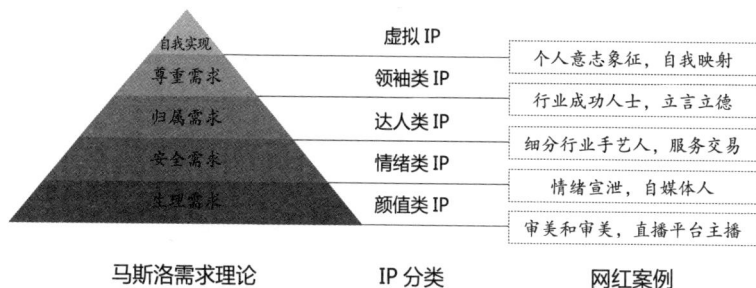

马斯洛需求理论　　　　　IP分类　　　　　　网红案例

自我实现　　　　虚拟IP
尊重需求　　　　领袖类IP　　　个人意志象征，自我映射
　　　　　　　　　　　　　　　行业成功人士，立言立德
归属需求　　　　达人类IP
　　　　　　　　　　　　　　　细分行业手艺人，服务交易
安全需求　　　　情绪类IP
　　　　　　　　　　　　　　　情绪宣泄，自媒体人
生理需求　　　　颜值类IP
　　　　　　　　　　　　　　　审美和审丑，直播平台主播

社群IP的分类之金字塔图

第三类叫达人类IP，是一些手艺人，代表一种亚文化，做这种服务交易，尤其是社群里面的商业模式叫平台制的时候，会员制，就是愿意一起学习的人在一起，形成一个小社群，这就是典型的用达人IP的技能做商业的变现。

再往上一层就是领袖类IP，他们是一些成功人士，目的不是为了追求所谓的财富增长了，他们需要立言立功立德被世人铭记，这是领袖类IP，比如创业家、投资人等等。

还有虚拟IP，为了做自我实验，为什么许多小孩子喜欢玩乐高、看动画片，这种虚拟的IP恰恰就是为了满足他个人的一种心理需求，是一种自我意志个人意志的一种象征。颜值IP寿命比较短，因为颜值很容易老化，因为人都会审美疲劳。情绪类IP，咪蒙、Papi酱，她们其实是为了满足人们自我宣泄、自我安全感，典型自媒体的非常多。

再往上是达人类网红，达人IP，是满足生活的一种需求，满足归属需求，细分行业的手艺人做这种服务交易的就属于这种。再往上属于领袖IP，就是这个行业的成功人士，他需要立功、立言、立德。

最后是虚拟IP，是一个自我意志的体现、象征。

☁ 46. 社群 IP 的打造法则

关于社群 IP 的打造法则和运作的方法论。不管运作社群还是运作社群里的 IP，还是对于个人成长、个人选择创业、选择项目，都会学到很多内容。平时看项目会经常问创业者一个问题，创业的原因是什么。当然这个问题决定了创业者创业的动机是否端正。同样道理，做社群 IP 的时候也会想这个问题，就是为什么要做 IP，到底是为了赚钱还是为了实现自己的价值，还是把自己的技能完全输送给用户，还是为了解决社群问题等等，这是很关键的。

"Lanpest 法则" 对 IP 的大拷问			
lanpest 法则	7问	实质	答案
love	你喜欢什么	主观能动性	创业类音乐
ability	你擅长什么	长处致胜	写歌 / 绘画
need	谁会关注你	需求是原点	带有情绪的创业者
pay	怎么来付费	商业价值	版权分成 / 音乐定制
etange	市场大不大	市场规模	创业者音乐市场大不
strength	你有优势吗	竞争程度	创业主体我第一
trend	行业啥阶段	行业成熟度	双创时代来临

社群 IP 的打造法则

但对于社群 IP 来讲，经常会问一系列问题，大概有七个小问题，这七个小问题称为 lanpeste 法则，第一个问题是你到底喜欢什么（love），因为喜欢是一种主观能动性。如果一个人喜欢干一件事情，就会愿意为自己的兴趣爱好付出时间和精力，这种主观能动性带来的能量是巨大的。做社群 IP 也是，如果想在这一块有所成就，喜不喜欢很重要。

当然很多人认为做这件事情是一个意外的选择，是不得不去做的事情。对于这样的事情怎么解释？在原来社会，做自己想做的事情没错，做家里要求做的事情也没错。因为在那个时代机会不多，上升通道不多。但今天不一样，今天只要你有自己的兴趣爱好，并掌握好的话，就可以通过新媒体工具、互联网方法实现价值的倍增，而且能够团结到一批有相同爱好的人，这一点才是值得思考的。

第二个问题是擅长什么（ability），能力是什么。这一点也尤为关键，有一个理论叫长板理论，就是你的长处，决定了组织水平的上限，原来讲的木桶效应，就是短板理论，就是团队水平不取决于能力最强的人，而取决于能力最差的那个人。但在互联网时代，只要有一技之长的人都应该被凸显出来，应该给别人创造价值。所以长板理论，擅长就是给别人长处、给别人创造价值，实现优势互补。所以擅长和爱好是非常关键的，尤其是擅长，依靠自己的短板跟别人拼，是没有任何希望和意义的。所以我们不要刻意弥补自己的各种不足，要扬长避短，把长处不断释放出来，把长处发挥到极致，让更多人知道，然后产生付费就行了。

第三个问题就是 need，谁会关注你，谁对你的长处有需求，谁对你的优势有需求，能否满足别人的需求，这是尤为关键的。所以做梳理的时候要问，谁会喜欢、谁可能会用到我用的东西。只有围绕需求做社群才可能会产生结果。我们看到大量的项目，发现80%的项目属于伪需求，没有切中用户的痛点和要害，所以这点是非常致命的。在选择方向的时候，要想到的就是谁会关注你，他们的需求是不是真实的存在。

第四个问题就是他们关注你，但是愿意付费吗（pay）？付费是关键，付费是商业价值。所以即使有一技之长，即使有用户关注，但是用户觉得这个事情不值得买单、不值得付费，那做的事情可能意义不大，只是在做公益而已。凡是没有产生付费效应的商业模式，都是公益精神，都是一种情怀。很多人做的创业项目，其实都是在做情怀。这种情怀本质来讲就是别人喜欢享受你这种状态，关注你。但是他没有付费的意愿，这说明商业模式没有打通。

第五个问题就是市场大小（etange），这讲的是市场规模，市场大不大，关注的人，付费的人多不多。用户到底是百万级别还是千万级别还是亿万级别。微信之所以这么牛是因为它的用户太多，有七八个亿的用户，因为它解决人的通讯交流问题。它的市场是足够大的。

第六个问题是你有优势吗（strength）？在这样一个大的市场里面，总会充斥着各种各样的竞争对手。你和你的竞争对手相比，有足够的优势吗？这个行业的竞争程度如何？比如现在的单车共享，是2017年最大的一个风口，这个风口在没有多长的时间里面已经涌现了几十个竞争对手。这个时候如果你想进入这个行业，那你能否干掉摩拜等等。所以要跟竞争对手相比的话，是不是有充足的优势，至少在小范围之内，优势是不是明显。作为用户来讲，肯定会选择更好一点的。所以这第六个问题非常关键，要自己评判，特长优点，围绕长处优势做自我定位，然后选择真正的细分市场。如果不这么做的话，只是随大流的创业，只是在做自己的IP。最后一个问题是你的行业属于什么阶段，就是一个趋势（trend）。如果你做的事情没有趋势，那它只是夕阳产业。这样的产业做IP是很难形成势能的，因为真正的势能真正的IP一定是引领行业往前发展，向前奔跑的，所以这一点也非常关键。行业的成熟度也决定了做IP有没有机会，有没有前景。

这是这一张表，选择一个IP之前要先清楚这七个问题怎么回答。一般很多创业者是回答不上来的，这样的话，这样的IP可能值得怀疑。

47. 社群 IP 的运作方法

关于社群 IT 的运作方法，有四个关键词：第一个，用户是谁。第二个，满足用户的产品是什么。第三个，团队。第四个，平台。

关于用户我们经常会问一些问题，第一个，你的用户到底是谁。第二个，用户的需求是什么，要具象化。第三个，你的用户的需求规模大不大。还有就是在这样一个需求满足过程中，有没有其他选择？比如购买东西非要从社群里购买吗，是否可以通过其他方式购买，是不是通过天猫、淘宝，甚至去线下店购买等等，用户有没有其他选择。用户在购买的过程中或在观察东西、获得线索和信息的时候，他的受众的路径关注的路径是怎么样的。还有用户在决定购买东西的时候，到底是哪些决策，是自己的喜好还是一时冲动的，还是很多朋友帮他介绍购买等等。最后就是受众群，也就是社群应该怎么去构建。

第二个关键词是产品。就是产品的价值观、你的喜好、擅长、定位、策略、产品的表现形式。比如说音频、图文、文字等等，这都是一种表现形式，要打造出有爆款的感觉来，只有这样才有可能被用户接受，甚至是快速买单。第三个问题是团队，团队是独木难成林，想做成一件事必须要通力合作。一般做 IP 需要三个组织，第一是产品的制作组；第二是新媒体组；第三是商务组，就是BD（Business Development，商务拓展）；第四个，要把组织做一个机制，这样可以保证每个组进行良好的分工和分钱。如果分不到钱，那做这个IP的团队是有问题的。要团队作战，要大家集体联合形成一个小团伙，发挥自己的长处，优势互补，做一个IP，这样成绩会更好一些。

最后一个问题是平台，平台就是要围绕产品、围绕用户，做自媒体的矩阵、视频的矩阵。还要把线下的载体和空间也充分利用起来，还有产品承载的平台，比如说卖的是一个某系列产品，那你需不需要开一个线上店铺等等。这是平台这一部分，关于整个IP的运作其实思路是非常清晰的，从用户定位到产品打磨到团队组建到平台经营，是这么一个逻辑。

这是关于社群IP的打造和运作，结合说的七个问题，再结合这个运作思路，我相信各位在运作自己的IP的时候，在社群里面呈现出自己的成绩的时候就会得心应手一些。

48. 社群中 IP 的成长空间

关于社群中 IP 的成长清单。

这个非常有意思，有意思的地方在于什么？给大家提供一个非常好玩的工具表，而且这个工具表能够带来一些实在的帮助。在社群 IP 的运作当中，我们要研究用户需要打造自己的产品、组建自己的团队，要去经营平台。在做产品层面，到底去做哪些事情？从 IP 角度讲，要不断提炼自己的价值观，形成一种书面化的东西。而且在选择这一类产品时，尽量从生活中体悟。

应该把 IP 这样一个商业化的过程或项目当成自我人生的一种梳理，很多人来到这个世界上，甚至没有人主动组建自己的价值观，这个是蛮可悲的。很多时候受到的教育都是知识教育、技能教育，是一种功能化的教育。但关于人生的教育是进入大学进入社会之后，看了一些书，听了一些所谓的心灵鸡汤之后，才自己慢慢顿悟。但在人生观层面的打造我们是天然缺乏的，这个我们国家和其他国家有很大不同，国外生下来都是有信仰的，但我们国人是缺少这一块的。我们就拿这样一个表对自己进行一个重新审视。虽然看起来比较啰嗦，但对各位进行自我梳理，特别在 IP 方面能够形成一个非常生活化、具象化的框架的话，是有很大的帮助的。

仪式感 - 定位			
仪式类型	模块	细项	表现形式
定位	人生意义	目的	
	人生目标	理想	
	人生标杆	对标人	
	社会定位	title	
	家庭定位	scene	
	行业定位	title	

社群中 IP 的成长空间1

第一个部分叫定位，我们首先要明白，定位对于我们人生的意义是什么。原来学市场营销定位，它其实在市场上一块市场一个需求，然后做这样一个市场的小定位。对于人生来讲也是，人和项目本质上一样，都是一个个体存在。对个人来讲，人生的意义是什么？可能很多人觉得这个东西太虚无飘渺，不合时宜，但我相信当晚上夜深人静，回想起自己人生存在的意义到底是什么的时候，你可能会为此而流泪，因为你从来没有想过这个意义。人这一辈子说长不长、说短不短，一眨眼20年过去，30年、40年过去了，非常短暂。如果说人生意义这个问题在你非常年轻，开始行动进入社会的时候不去做一番思考的话，那到老年，冥冥之中再去思考这个问题的时候，再谈人生已经没有意义了，因为你已经没有了奔跑、创造的能力。不是每个人都可以像王德胜一样老了依然活得很精彩。所以人生意义、人生目这个问题要尽早去思考。

仪式感 - 内在			
仪式类型	模块	细项	表现形式
内在	气质	性格	
		标签	
	时间观念	时间态度	
		日程表	
		时间表	
	财富观念	财产结构	
		盈利方式	
		财富计划	
	社交资产	家庭观念	
		社交圈	
		社会地位	
	知识体系	三观知识	
		行业知识	
		生活知识	
	自媒体	主题	
		形式	
		平台	

社群中 IP 的成长空间2

仪式感 - 外在			
仪式类型	模块	细项	表现形式
外在	衣	穿着风格	
		配饰	
	食	就餐风格	
		酒	
		茶	
	住	家居风格	
		旅宿喜好	
	行	座驾标准	
		出行方式	
		出游喜好	
	用	手机	
		笔本	
		APP	
		包 / 表	
		化妆品	
	言	逻辑 / 感性	
		声调	
		口头禅	
		礼貌性	
		聆听性	

社群中 IP 的成长空间 3

第二是你的人生目标是什么？你有什么理想吗？你想实现什么样的人生理想？想走到哪一步？实现多少财富的目标？想成为什么样的人？你的人生目标应该很清晰，可落地才行。这个人生目标越早接触，越早进行树立的话，就会越早地达成。有一个数据非常清楚，就是国外有一家机构对一群人做了长时间的跟踪调查，发现凡是及早树立人生目标，而且目标非常清晰的人，大都获得了成功。而那些浑浑噩噩，从来没有给自己做人生目标规划的人，最后大都一事无成。所以对于一个IP来讲，思考人生目标规划的意义是非常大的。

第三个问题是你的人生标杆是什么？每个人都有自己的偶像，但不要把我们的偶像仅仅定义成简单的小明星。应该从深度上思考你的人生目的是什么。总之要找到一个人生标杆，因为有了人生标杆之后，就是给自己的内心定下了一个方向标。这样按照这个标走就行了，也不至于出现迷茫状态。这是人生的标杆，找到一个对标的人，这是非常重要的。

第四个是你的社会地位，你未来想成为什么样的人？在社会活动中，你以一个什么样的身份出现。比如说著名的社群专家、新锐投资人可能就是我的title。还有家庭定位，在家庭这个社群里面，你的定位是什么？作为女孩子来讲，未来成为一个妈妈，要相夫教子，作为爸爸来讲，在家里边要担负起养家赚钱的重任。所以要在家庭当中找到自己的定位，是在主导地位，还是从属地位，还是大家地位平等，还是去教书育人，还是要成为一个非常好的伴侣等等，要有清晰的规划才行。

最后一个是行业定位。我们成为一个专家，或者沦为一个庸才，这都不重要。重要的是要找准自己的行业，在行业里边深扎下去。只有这样才能让别人很容易地识别你，这是非常关键的。社群中 IP 的个人定位非常关键，如果定位定不好，所有的内在和外在都会出现问题。

关于内在问题怎么打造，内在包括哪些？包括气质、时间观念、财富观念、社交资产，以及知识体系，最后就是通过什么样的方式承载下来。一般通过自媒体的方式，我们特别强调跟人交往的时候，社交、进行交流沟通时候的气场是尤为关键的。气场就是在和别人交流时所带来的这种感觉、情绪、正能量，还是一种非常激情的、萎靡的状态等等。气质其实是一个人内在的东西。

还有性格，是外放还是内向型性格。时间观念就是对时间的态度是不是很强烈，喜欢迟的人是明显的时间观念不强的人，这样的朋友我认为慎重交往。还有就是你个人是不是有计划性，我们每天都给自己做规划，这样就可以有条不紊的把一天打理得非常干净、有效率、做事就非常快，而且有结果。下一个观念是财富观念，就是要明白财富结构是什么样子，盈利方式是什么，未来的财富计划未来10年、20年到底实现什么样的财务目标，这点要明白。

第三个方案就是社交资产对你的家庭观念、社交圈子、社会地位、朋友等等，要给自己做规划。不要老停留在一个圈子里面，要不断往上走。而且不要家庭观念非常薄弱，因为一个很厉害的事业有成的人，家庭一般做得非常好，这是社交资产。还有知识体系，包括世界观、价值观、人生观，是不是已经建立起来了。还有行业知识是不是已经做了梳理，还有生活常识、生活知识是不是做了梳理。通过这些内容，通过自媒体做一些输出。比如定主题、选内容形式、选平台，这都是可以实现的。

　　外在是什么？包括衣、食、住、行、用、言语。衣是指比如喜欢穿什么风格的服装，喜欢暗色的，还是亮色。一般喜欢暗色的人可能比较保守一些；喜欢亮色说明比较外放一点，穿着打扮也可以反应人的性格。还有配饰，穿着打扮之后，是不是喜欢戴手表，是不是也有一些行头等等。食怎么理解？就是就餐风格，喜欢喝什么酒，是否有喝茶的习惯等等。这也会体现出一个人的品位。住比如你的家居风格是欧式、日系还是中国风等等，还有旅途过程中，是喜欢住民宿还是喜欢住酒店，还是喜欢住豪华套房等等，这都会显示个人的品位和人生经历。还有行，比如喜欢什么样的车，日系车、德系车、美系车、国产系，还是豪华车，这都是品位的体现。当然还有出行方式，喜欢坐飞机旅行，还是喜欢坐高铁，是喜欢去一些人文风情的历史遗迹，还是园区自然风光的海滩等等。这都体现一个人的品位。

很多人认为衣食住行的选择跟钱有关系，没有那么多钱，怎么选择？其实衣食住行只跟风格有关系，多少钱那不是最重要的，关键是品位和选择才是决定性的。外在还包括用，比如用什么样的手机，用什么样的笔和本，爱好的情况，还有你的化妆品、包包等等这都算，这其实也是一个小细节。最后一个就是言行举止，包括说话的时候是不是具有逻辑性，还是感性的人，还是声调上是不是有这种爆发力等等，这都是个人的外在表现。还有你是一个非常有礼貌的人吗？是一个喜欢聆听的人吗等等这都是言行的一个表现。外在透露内在，内在反应个人的价值观，也就是定位。

一个人一个 IP 的成长无非通过几个文化来呈现，真正红给自己红给后人的网红才是有质量的网红。所以要好好规划自己的人生历程，不仅仅是为了赚钱而规划，更是为了实现自己的价值实现自己的成长，来让 IP 变得永生，这才是终极对决的目标。

☁ 49. 社群 IP 的炒作过程

社群中 IP 的炒作过程，做一个 IP 注重一个关键词，比如做什么用户，选择怎么做产品，组建团队适用什么平台。从个人定位、个人外在和内在提出了一个核心观点，做一个个人 IP 的成长过程，不仅仅是满足当下赚到钱，满足一部分人的需求。而是希望通过这样的 IP 过程，给后代给自己满足，这是做 IP 真正的目的所在。一个 IP 的爆发有一个过程，这个过程一旦到了临界点，需要让 IP 破土而出，成为大家所共知的一个 IP 一个网红。

这样一个爆发的过程，叫做炒作，市面上很多所谓的案例都是炒作的过程，并不是自然而然的事情、现象。所以这个社会是被设计的，世界远远不是想的这个样子。这本来就是一种世界的潜规则，做 IP 做商业也是这样的过程，想在什么时候爆发，产生最大的收益，某种程度上来讲，是可以控制的。

埋伏 ➡ 升级 ➡ 澄清 ➡ 转化 ➡ 再传播

社群 IP 的炒作过程

一般来讲一个 IP 要想真正火起来，需要一个炒作的过程，这个过程分成几个阶段：第一阶段是埋伏好线索，第二阶段是引爆线索，第三阶段是事情再度升级，第四阶段是由当事人澄清说明事情的来龙去脉，第五阶段就是真正露出意图，转化做商业，第六阶段是再传播就是一个循环往复的过程，一旦过程走完之后，我们这个 IP 做第二轮、第三轮更多轮次的传播和炒作，基本上所有的明星 IP 都被按照这个流程做这个过程。当然不建议长期用，炒作的套路很熟练的时候，一旦被老百姓识破，这些粉丝对你可能有些看法。现在想蒙混过关越来越难，主要因为社群老师不断传递技巧、干货，揭露内部，所以很多人觉得越来越不好做。有时候因为我们揭穿了很多的操作思路玩法，把一些隐藏在商业当中的潜规则，一点一点抽丝拨茧的告诉各位，以至于很多人在玩的时候都觉得失去了神秘感，所以有时候我们不断反思，讲太多的机密好吗？讲太多的干货和技巧真的好吗？

第一个什么是埋伏，想炒作 IP 的时候，先把一个非常有争议的小信息，由注册小号发布出来，就是小孩本身激发出来的情绪内容，里面有几个关键词，一个是小号，因为这个事情是策划出来的，意味着不能有大 V 直接发布信息，这样大家听起来很明显是炒作，就会怀疑。所以先埋伏好，比如打仗的时候，埋地雷，经常关注到的地方，布设好地雷，让他故意踩到，然后引爆。炒作过程也是这样子，先把线索埋伏好，第一关键词是小号，这样让大家觉得事情是突然爆发出来的，比较符合人的认知逻辑和认知习惯。

第二个关键词就是所发布的内容最好能激发情绪，即使你的网络词再好，一旦内容不具有争议性，不能带动人们情绪的话，做这样的炒作过程也可能会失败，只有好的内容配合好的渠道，才能产生好的炒作效果。第二个关键词特别强调内容一定能够激发人的情绪，比如某个争议，比如激发人的爱国精神，比如看了就想吐槽的，然后直接进入心坎的，这样的内容一般非常切合炒作。一般在埋伏阶段，为了达到目的，为了让用户产生情绪上的共鸣，只有产生了共鸣，才有可能把共鸣进行同步转播出去，如果这个情绪没有产生内容和情绪的共鸣，大家没有办法自发传播，进一步埋伏。

第二步叫引爆，引爆什么意思。前面只是埋伏好了，此时需要点一把火把线索燃烧，点着之后才可能引爆地雷、炸掉地雷。同样道理炒作也是这样，需要有一个点火的人，这个点火的人叫KOL，我们是一个IP，我们IP本身非常弱，没有办法引爆。需要用另一个点火的带着我们引爆，只考虑本身，此时KOL集中转发很多版本的转发。里面有两个关键词一个是KOL本身，专门操作的人需要用KOL，作为KOL，也会起到发布的作用。第二个要集中转发，而且多版本的集中转发。集中转发产生相应的效益，就好比引爆原子弹的时候，一定是多个元素在里面集中历练才会产生核爆炸，就是产生这种巨大的威力，如果是产生效益非常弱，是不足以产生炒作和引爆。

所以我们做了多版本，多版本的意思是不能说编辑好一个内容之后，让这些同时转，这样很容易会穿帮，要模仿KOL的口吻制作段子进行转发，这样不至于穿帮，这样让他的粉丝感觉到这个事情是很大的事件，而且是 KOL 本身自动转发的，这样的感觉是不一样的。引爆本质是火烧圈子，就是利用 KOL 本身，撬动 KOL 粉丝，比如像这么多大 V，本身有几十万几百万上千万的粉丝量，把这些线索埋伏好，首先把这个线索引爆，KOL 本身的粉丝也是非常关键。第三点是升级，升级一旦有这么多 KOL，同时引爆的时候，这个时候所谓的娱乐八卦等行业的媒体就会蜂拥而上。这些行业媒体的记者就会调查研究、跟踪、报道采访，完了之后写一篇稿，本身媒体就是靠这些热点来火热。这个时候对于这些小的事情，尤其是集中引爆小的事情特别敏感、敏锐，集中放大这个事情。然后把一个本来发生在零碎空间里的事情，变成了公共事件。本质是在行业里面放大这件事情，经过前面的线索埋伏和 KOL 的引爆和行业媒体的助攻，这个事情就火了，这个 IP 本身开始火了，此时上亿的粉丝跟踪这个事情。背后到底发生了什么，就会追问 IP 本身，这个时候如果不做一些反馈和澄清，粉丝就会不依不饶，甚至不做一些澄清，作为上层机构就对你有看法，到底玩什么，目的是什么，这个时候就很关键了。

第四步当事人作为 IP 人需要当面澄清，形成新的围观。这一层，基本上所有炒作过程达到了顶峰，到高潮阶段，本质是个人的公关。第五步转化，开始曝出来商业计划。

第六步，掀起第二轮的传播，利用传统媒体对该事件进行再度曝光，继续扩大传播面，另外，还可以把此事件复盘形成商业案例，写进书籍或装成课程进行案例式传播。到了再传播，整个炒作过程基本上完成了一个闭环。当然这是第一步，第二步好多时候这一轮传播结束之后，再做第二轮、第三轮，是一个循环往复的过程，这就是 IP 的炒作的过程。

☁ 50. 企业社群 IP 思维落地

关于企业社群 IP 思维落地，提供两个非常好玩的工具表。一个是用户清单，还有一个零状图。社群里面的 IP 思维是好玩的工具，而且不仅对于个人有帮助，对企业来讲也有很多帮助。未来很多人一定会做自己的企业、公司。现在构建起一种 IP 的思维，对各位经营企业一定有帮助的，首先看这样一个清单，对于企业来讲 IP 思维怎么落地？有什么实际作用，过去做一个项目，按照传统的招商方式，可能吃力不讨好，花了很多钱，最后所带来的效果、招商的加盟数量没有太多，而通过 IP 的方式，吸引到的加盟商却是络绎不绝。

第一点品牌人格化，就是这种 IP 的做法。相比于传统企业，互联网公司玩一些人格化的东西，比如说小米一样有形象的代言人，很多互联网公司都有自己的形象 LOGO，不仅仅是京东狗也好，还有天猫这样黑色的猫一样，互联网企业特别擅长把品牌和有生命的小动物联系在一起。包括苏宁易购是一个小狮子，百度是一个熊掌，很多人特别擅长在人格化上做手脚。这种做法是非常有效的，因为人本身或用户本身对于有生命的东西有天然的发自内心的青睐和喜好，品牌的人格化把一个冷冰冰的品牌进行升级，跟用户距离缩短，甚至走到用户的心里当中去。品牌的人格化这一块，需要注意哪些事情：第一个品牌的定位，第二个

IP 思维在企业中应用清单			
IP 思维	模块	子模块	表现形式
品牌人格化	品牌定位	受众画像	
		行业定位	
	品牌表现	品牌价值观	
		品牌人格图案	
		品牌人格路径	
老板领袖化	身份定位	定位目的	
		个人风格	
	个人仪式感	生活方式	
		个人故事	
		个人知识体系	
		个人公关活动	
服务产品化	岗位匠人制	岗位定义升级	
		岗位内容包装	
		匠人内容输出	
	服务商业拓展	匠人项目独立	
内容自媒体化	产品线规划	高中低特占位	
		优劣对比	
		人格化攻防	
	自媒体计划	内容调性	
		社群矩阵	
		内容结构 / 形式 / 排期	
		造势 / 借势	
团队公关化	高层	定位	
		个人仪式	
	中层	定位	
		个人仪式	
	基层	定位	
		个人仪式	

企业社群 IP 思维落地

品牌的表现，关于品牌定位，包括先做一些受众的画像，比如说到底是年轻人还是老一点的中年人，怎么样，还是用户的画像这样可以做一些细分。

小米本身做这样一个形象，其实就是在切中年轻人特别轻松、放松的群体，做了非常好的形象。然后就是行业定位，一直讲手机行业做什么样的品牌，这个地位可以确定品牌的性质。围绕定位做一些品牌的表现，比如品牌之价值观是什么，品牌的人格画像是什么样子，品牌的展示路径是什么样子，以后做这样一个实际的项目过程当中，关于品牌的表现、品牌的做法和定位，找到专门的机构或是专门的市场部一定会把事情做得非常好。

重点讲老板的领袖化，这也是很多企业家所不屑的地方，新的互联网公司的创始人经常刷屏我们的朋友圈，为什么，因为他们很清楚，"当我做出一件事情，发出一篇演讲的时候，带来的是大量的流量，我们作为传统企业家，应该成为公司的第一业务员、第一传播人员，这样才有可能带领团队，集体实现流量的获取，这是非常重要的。比如锤子手机的罗永浩、小米手机的雷军、阿里巴巴的马云，他们特别喜欢站在讲台上的感觉，难道他们是真的发自内心的喜欢吗，这样的站台是很累人的，但没有办法，只有老板把自己的品牌和其他品牌绑在一起，用户才可能对你产生持续关注。因为品牌是商业行为，而老板本身的发表演讲提供某种观念，做出什么事件，像刘强东，经常搞一些花边行为，其实这是给品牌导流，我们要清楚背后的玩法、逻辑。怎么做这种老板的领袖化或老板的 IP 化的事情，要做两个事情。

第一个事情是身份的定位，定位的目的是简单，就是要把老板打造成品牌的第一代言人、公司第一代言人。第二个要清楚个人风格，马云是典型的江湖人士，给人感觉非常放松、非常侠义情长的一个人；李彦宏，是一个非常儒雅的海归，所以每个人风格不同。围绕这样一个个人定位，开始做个人的仪式感包装。首先从生活方式中获取，比如马云是江湖人士，喜欢武侠，所以你看到他打扮侠义，很少穿正装出席活动会议等等，就是一个非常放松自我的状态，这其实是一个人的标签。

除了个人的风格或生活方式之外，我们考虑个人的故事，发现所有的创业者或企业家，都有自己的一套传奇故事。这些故事没有成名之前是微不足道的，但今天反而成了人们喜闻乐见的新闻或一些有故事的传说，顺带把整个公司的企业文化带了出来。这就是个人故事和品牌故事联接关系，还有个人体系，作为老板来讲，很多传统企业家，做的非常成功，但是发现整个互联网上呼风唤雨、经常刷屏的反而是一些没有太多个人经历的人，把简单的经历做成生动的故事，这是非常好玩的事情。作为传统企业家，有这么多经历，没有把经历通过故事的方式呈现出来，因此需要做一次包装，尤其是自己个人的体系，现在的年轻人、互联网企业家、一些创业者也好，大家谈论问题的时候，头头是道，是什么，怎么办。甚至结合目前这种政治环境，从一些哲学角度把问题剖析的非常透彻，难道是这些人的知识文化非常高，而传统企业家却不懂得怎么说，其实不是的。整个过程需要一个策划，需要包装。个人知识体系也是这样，比如说做的餐饮项目、烤肉饭，吕强本身是个传统企业家，已经做餐饮十几年的时间，让他说出来一些玩法，他也可以清楚说出来，但缺乏逻辑性。做一个逻辑性的包装，把他所具备的经验和长处形成一套知识化体系出来，放到市面上，让他自己输出，这种感觉是不一样的。再就是个人的公关活动，当有体系之后做的包装，有个人故事做衬托之后，要不断出席活动，在活动现场不断把自己的个人背景和做法等等一一呈现出来，这个时候就等于给自己做了一轮 PR，顺便把公司的一些业务流程说一遍，把一些业务做一些推进，这个时候有对接过来，有一些业务定单慢慢向你靠拢，就是通过老板做领袖化做法、实现定单的转化，这是具体的办法。

第三个落地的方法是服务的产品化，这跟传统企业的内部创业有很大关系，所有产品把功能部门单独成小的业务单元。除满足本企业的服务之外，甚至可以利用闲暇时间接一些外部订单，比如说我的朋友做瓷砖生意的，他们的人力资源部单独盈利，帮助渠道商做一些内部的人力资源培训。和体系的输出，这样赚取新费用，他们已经开始自负盈亏了，仅仅一个人力资源部门，实现了自负盈亏，财务部做类似事情，市场部也做类似的事情，这些服务已经实现了产品化，这种产品不仅满足整个企业的需求，还可以帮助渠道商帮助其他客户实现商业转化，这就是服务产品化带来的价值。当然这一步提出叫岗位的匠人制，让部门负责人或是核心关键人物成为一个这样的人，成为领域的专家，向外做疏导。这是服务产品化的具体的思路。

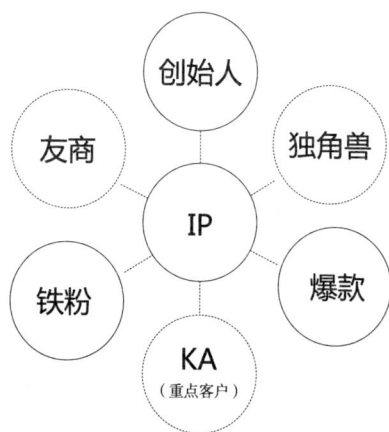

企业社群 IP 思维落地

第四个是内容自媒体化，就是要基于目前的产品线和品牌的调性，做自媒体的计划。同样把这样一个内容调性梳理好，而且把内容结构形式排版排期做出来。最后一项团队的公关化，很多互联网大的公司，主管部门的领导经常出来站台，讲一些创业的技巧新媒体的玩法，公司怎么做产品，以及对行业的看法，除了领导、创始人做这种输出之外，其他基层的干部，也经常做输出，这个其实是团队的公关化。从高层、中层、基层每个人成为IP，成为网红，就形成这种团队的IP的集体作战。这个所带来的流量集中是爆发式的。

　　这是关于企业的社群，IP的思维，落地的清单。我们看最后一个饼状图，IP是综合的体系，除了创始人有IP，品牌打造成10亿美金的独角兽来做，同时，要把产品打造成爆款，因为爆款本身具有很强的吸附能力，对于品牌的传播，和流量是很有帮助的，还有让重点客户也能成为我们的IP。我们不但让自己成为一个非常有势能的网红，而且要帮助客户成为网红，获得成就感。还有除了客户之外，还要我们的用户粉丝成为我们的品牌代言人。现在各个品牌之间可以相互PK，我们要尊重友商，甚至让友商跟我们一起发展，一起为行业带来进步，所以这是整一套的IP的综合式打法。除了创始人成为一种网红或是领袖之外，品牌也要是独角兽的特质，产品具有爆款的特性，客户也要成为关键客户，帮助他们成长，让他们成为渠道或是客户的佼佼者，还有粉丝，也要跟他们一起成长，还有我们的友商一起为行业代言。通过这样的集体式，利己式打法，才能真正把 IP 玩透，玩出感觉来。这就是讲的关于企业社群里面 IP 思维落地的具体方法。

———————————— 菜根谈 ————————————

先把自己搞懂，然后看干这个事儿的人懂不懂就行了。市场足够大，竞争足够多，最大的敌人不是竞争对手，而是过去的自己。

作者简介

陈菜根

微信公众号"陈菜根频道"创始人,为友资本合伙人,知名自媒体人,区块链经济研究员,社群经济专家,阿里巴巴及海尔大学特聘导师,易观国际冠军智囊,头条号、百家号、搜狐号、界面、金色财经等媒体专栏作家。

想 象 之 外　品 质 文 字

社群运营五十讲：移动互联网时代社群变现的方法、技巧与实践

策　　划 ｜ 领读文化　　　　　　执行编辑 ｜ 领读＿屈美佳

责任编辑 ｜ 周连杰　　　　　　版式设计 ｜ 领读＿蒙海星

封面设计 ｜ 领读＿刘俊

更多品质好书关注：

官方微博 ＠领读文化　官方微信 ｜领读文化